나를 거듭나게 하신

한미성 韓美聲;
Melicent Huneycutt
선교사

KB192721

나를 거듭나게 하신

한미성 韓美聲;
Melicent Huneycutt
선교사

발행일   2024년 7월 30일

지은이   오승재
펴낸이   손형국
펴낸곳   (주)북랩
편집인   선일영   편집   김은수, 배진용, 김현아, 김다빈, 김부경
디자인   이현수, 김민하, 임진형, 안유경   제작   박기성, 구성우, 이창영, 배상진
마케팅   김회란, 박진관
출판등록   2004. 12. 1(제2012-000051호.)
주소   서울특별시 금천구 가산디지털 1로 168, 우림라이온스밸리 B동 B113~115호, C동 B101호
홈페이지   www.book.co.kr
전화번호   (02)2026-5777   팩스   (02)3159-9637

ISBN   979-11-7224-217-6 03230 (종이책)   979-11-7224-218-3 05230 (전자책)

(주)북랩 성공출판의 파트너
북랩 홈페이지와 패밀리 사이트에서 다양한 출판 솔루션을 만나 보세요!
홈페이지 book.co.kr   •   **블로그** blog.naver.com/essaybook   •   **출판문의** book@book.co.kr

작가 연락처 문의 ▸ ask.book.co.kr
작가 연락처는 개인정보이므로 북랩에서 알려드릴 수 없습니다.

나를 거듭나게 하신

한미성 선교사

韓美聲;
Melicent Huneycutt

한미성 미국 선교사의 감동적인 생애

오승재 지음

예수 믿는 사람을 싫어했던 저자가

한미성 미국 선교사를 만나

그의 헌신적인 사랑과 모범적인 삶에 감화되어

점차 마음을 열고

삶을 바꿔 가는 감동적인 여정!

Melicent Huneycutt

북랩

추천사

서정운 목사
전 장신대 총장/전 인도네시아 주재 선교사

재미있는 책입니다. 1960년대 이후의 전주기전여자고 등학교, 대전대학/숭전대학 대전 캠퍼스 시절과 그 후의 한미성 선교사와 오승재 교수의 인연과 삶을 엮어서 그 시대와 사람들의 이야기로 풀었습니다.

읽으면서 여러 가지 생각이 났습니다. 온 누리에 수십 억 명의 사람이 함께 살지만 친밀하게 만나기가 어려운 것인데 미국인 한미성 선교사와 한국의 오승재 교수님의 만남과 우의는 특별하고 신기합니다. 지금은 어색할지 몰라도 1960년대까지 기전여고 교장이나 대전대학 학장 을 선교사들이 했다는 것도 역사적 사실입니다. 30세의 나이로 대학생이 되는 용기도 대단했고 그 결단이 오 교수님의 일생을 바꾼 것 같습니다.

이 책은 제목 그대로 한미성 선교사의 일생과 그의 열정적 사역의 기록이고 그 속에 있는 많은 사람들과 함께 살아간 소중한 이야기입니다. 한미성이라는 개인, 저자 자신을 포함한 그 주변의 인물들, 그들과의 삶에 대해 간명하게 기록한 전기입니다. 저는 이 책을 읽으면서 "전기가 오직 진정한 역사"라고 한 토머스 칼라일의 마음을 느꼈습니다. 기전여고, 한남대학, 미국 선교사들 그리고 그들의 동역자들의 역사적 한때를 그대로 우리에게 전하는 이야기가 흥미 있고, 1933년생인 저자가 머리말 끝에 쓴 글이 찡하게 감동적입니다.

"2024년 5월
계룡산록에서
오승재"

머리말

저는 젊어서 예수 믿는 사람들을 매우 싫어했습니다. 비가 오나 눈이 오나 새벽 일찍 일어나 새벽기도를 나가고 또 집안일 제쳐놓고 부흥 집회에 나가 철야 기도하며 가진 돈 다 바치고, '병 낫게 해 달라', '아들 대학에 합격하게 해달라', "… 주시옵소서" 하고 기도하는 것이 물 떠놓고 칠성님께 비는 무속신앙과 하나도 다르지 않았기 때문입니다. 그런데 제가 한미성 선교사가 교장으로 계시던 기전학교에 교사로 취직하게 되었습니다. 결혼하고 어린애까지 임신한 아내를 부양할 직장이 필요했기 때문입니다. 그것도 세례 증을 위조하고 들어간 것입니다. 너무 어려운 삶이 절박했기 때문이었습니다. 교회만 왔다

나를 거듭나게 하신 한미성(韓美聲; Melicent Huneycutt) 선교사

갔다 하면 기독교인이 된 거로 알고 신입 교사 환영회 때도 '캐 셀라, 셀라'라는 노래를 불렀던 사람입니다. 교장실로 불려가 "기독교인은 '캐 셀라, 셀라' 하고 살면 안 됩니다"라는 주의를 들었을 때 너무 놀랐고, 기독교인이 된다는 것이 무엇인지를 깊이 생각하게 되었습니다. 그분의 사랑을 받고 살면서 나는 기독교인이 된다는 것은 세상을 보는 가치관이 바뀌고, 나 자신의 말도 행동도 생각도 바뀌어야 한다는 걸 깨달았습니다. 그분은 예수의 마음으로 세상을 보고, 이웃을 사랑하고, 아끼고, 가르치고, 인도하고, 인간을 변화시키는 그런 분이셨습니다.

그분은 저와 함께 전주의 기전여중·고에서 2년, 대전의 대전대학(현 한남대학교)에서 2년을 저에게 큰 변화를 가져오게 하시더니 선교사 생활을 그만두고 미국 본토로 가셨습니다. 그 뒤로도 저는 제 평생의 멘토(mentor)로 그분을 모시고 그분과 편지를 주고받기도 했으며, 찾아오고, 찾아가며 생각을 나누었습니다. 그런데 지난 2020년 10월 21일 아침 10시 30분에 North Carolina의 고향 집에서 하나님 품으로 가셨다는 소식을 들었습니다. 그분은 한국에서 10년간의 짧은 선교사 생활을 했지만, 미국에 가서도 선교사의 마음을 변치 않으시고 93세 평생을 사시다 하나님 품에 안기신 분입니다.

한남대학에서는 인돈(William A. Linton) 초대학장의 전기, 서의필(John N. Somerville) 선교사의 전기, 계의돈 (Rober L. Goette) 선교사의 전기는 출판되었으나 한 선교사의 전기는 출판된 게 없어서 이번에 제가 『나를 거듭나게 하신 한미성(韓美聲; Melicent Huneycutt) 선교사』를 출판하여 그분의 업적을 기리려고 합니다. 위 세 분이 학교와 사회봉사, 기독교 제자훈련에 힘쓰셨다면 한미성 선교사는 그리스도의 사랑으로 한 생명, 한 생명을 주와 동행하는 기독교인으로 기른 산모였다고 생각되기 때문입니다.

특히 총선을 마친 한국 사회의 실정을 볼 때 1,000만이나 된 기독교인이 주 안에서 거듭났다면 참 진리인 기독교 가치관이 명예와 권력으로 얼룩진 이 사회에 참과 거짓을 밝히는 법원에 세워진 정의의 여신 디케(Dike)가 든 저울 노릇을 해야 할 것인데 부끄러운 생각이 듭니다. 이런 시기에 한 선교사의 인간을 변화시키는 위대한 사랑이 그립습니다.

이 글을 마치는 데 한 선교사의 미국에서의 복음 사역 활동을 상세히 알려준 분은 수지(Ms. Susie Smith)였습니다. 제 글의 반은 그분이 제공해준 자료임을 알려 드리고 감사합니다.

2024년 5월

계룡산록(鷄龍山麓)에서

오승재

차례

추천사 · 4
머리말 · 6

1부
기전학교와 한미성 교장

취직해서 만난 첫인상   15
한 교장을 따르던 제자들   19
내게 친구 같던 한 교장   23
학교를 떠나면서 남긴 명문장   31

   ✦ 등하불명(燈下不明)   31
   ✦ 선교편지   36

2부
대전대학과 한미성 영문과 과장

대전대학   45
한미성 교수와 UBF   50
문학에 대한 열정   56

　　◆ 로버트 프로스트의 추억　　　　　　　　　　　　　　56

　　◆ 제4회 문학의 향연-셰익스피어의 밤(Romeo and Juliet)　　　61

　　◆ 제5회 문학의 향연-셰익스피어의 밤(A Midsummer Night Dream)　　63

　영원히 떠난 안식년　　　　　　　　　　　　　　　　71

3부
미국 본토에서의 한미성 목사

암흑기를 지나 들려온 소식　　　　　　　　　　　79

한 목사의 자리는 선교와 교회였다　　　　　　　87

한미성의 고희(古稀) 잔치　　　　　　　　　　　91

마지막 만남　　　　　　　　　　　　　　　　95

한 목사의 마지막 소식　　　　　　　　　　　103

4부
부록

회고록

　　◆ Meli를 회상한다 / Ms. Susie Smith　　　　　139

　　◆ 나의 멘토 멜리 / Dr. Charles Hill(한철수)　　　144

　　◆ 멜리 어머니와 나 / 조경덕　　　　　　　　150

　　◆ 멜리 어머니 / 임경석(Patrick Lim)　　　　　157

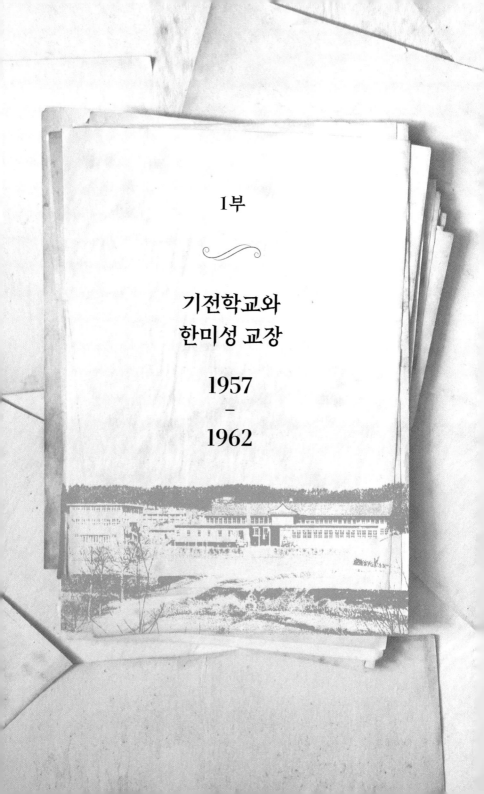

1부

기전학교와
한미성 교장

1957
–
1962

취직해서 만난 첫인상

내가 한 교장을 만난 것은 1960년 3월 기전학교의 교사 채용시험 때였다. 나는 그때 광주의 조선대학교 부속중학 국어 강사로 있으면서 내 평생 제일 가난했던 때였다. 무리하게 자금을 마련하여 결혼했는데 바

韓美聲(Miss Melicent Huneycutt)
교장

로 아내가 임신하여 만삭일 때였다. 나는 수학 정교사 자격증을 가지고 있어서 정식 수학교사로 취직해야 하는데 도시인 광주에서는 자리를 찾을 수가 없었다. 그런데 마침 전주의 기전여중·고교에서 수학교사를 모집한다는

광고가 신문에 나 있었다. 그때의 정황은 다음과 같다.[1]

그런데 전주의 기전 여학교에서 수학교사를 뽑는다는 광고가 났다. 내가 호기심을 가진 것은 이 학교는 교장이 외국 선교사이기 때문에 정치에 흔들리지 않는 학교라는 것이었다. 나는 임신한 아내를 위해서라도 제대로 대접받는 학교의 선생이 되고 싶었다. 그러나 문제는 제출 서류에 세례 증을 첨부하라는 것이었다. 그래서 나는 포기하고 있었다. 4대 대통령 선거일에 투표하고 나자 나는 학교로 돌아와 학교신문 원고를 정리하고 있었다. 이때 장○○으로부터 전화가 왔다. 다방 '판문점'에서 만나자는 것이었다. 술을 마시고 내가 세례 증이 없다고 투정한지 일주일이 지난 뒤의 일이었다. 그때 일이 미안하기도 해서 그날은 내가 저녁을 살 요량으로 다방에 나갔다. 친구 장○○은 자리에 앉자 물었다.

"너 누구에게 찍었냐?"

"난 네가 궁금하다. 양다리를 잘 걸치는 명수인 네가 이번엔 어디에 다리를 걸쳤는지."

---

1   오승재, 『나는 어떻게 기독교인이 되었는가』(서울 북랩, 2023) pp. 40~41, 이후 쪽수만 표기함.

"나야 뻔하지. 승부를 정해 놓고 무슨 지랄인지 모르겠다."

그리고 그는 어디서 들었는지 4할은 무더기 표를 넣을 것이고, 시골에서는 3인 1조를 짜서 서로 감시하고 해서 승부는 이미 났다는 것이었다. 그는 세상이 썩었다고 한참 지껄여 대더니 편지 봉투 하나를 내 앞으로 내밀었다.

"옜다 네 세례증이다. 가서 잘하고 네 본색이나 드러나지 않게 조심해라."

얼떨떨 하는 내게 그는 말했다.

"묻지 말고. 내 성가대원 가운데 목사 아들이 있어. 하나 해 오라 했지 뭐."

"그래도 되는 거야?"

"나도 모르지. 아무튼, 한마디 했더니 금방 해 와서 나도 어리둥절해. 이제는 너에게 달렸지 뭐. 네가 망나니가 되면 이것은 나쁜 짓이고 또 아니? 너 같은 놈도 착실한 신자가 될지. 그러면 한 사람 건진 거지 뭐."

이렇게 해서 나는 기전 여학교에 서류를 넣게 되었다.

내가 알기로 당시는 모든 직장이 제대로 취직 시험을 보고 인재를 뽑는 게 아니고 광고도 없이 알음알음으로 직원을 뽑거나 '사바사바'라고 뒷돈을 받고 직원을 뽑는 일이 다반사였다. 그런데 내가 놀란 것은, 그때 6, 7명이 응시했는데 그들에게 모두 여비를 주고 점심을 사 주었던 일이다. 자기가 아쉬워서 시험 보러 왔는데 이럴 수도 있는지 당시의 나에게는 꿈같은 이야기였다. 나는 이런 곳에서 일하고 싶다는 생각이 간절해졌다. 후에 한 교장에게서 들은 이야기인데 여러 응시자는 모두 뒷자리에 앉아 있었는데 나만 혼자서 앞자리에 앉아 눈을 반짝이며 주의 사항을 듣고 있어 너무 자신만만하거나 당돌하지 않나 생각했다고 한다. 그러나 그때 나는 그 자리를 두고 필사적이었다. 한 사람에게 10분씩인가를 주고 고교 1학년의 수업을 시켰다. 그러고는 교장 면접이었다. 미국 교장인데 영어로 물어보면 멋지게 대답해 주리라 하고 마음속으로 분주히 모범 답안을 만들고 있었다. 나는 군에 있을 때 최신 시설을 갖춘 대구의 부관학교에서 3개월간의 군사영어 공부를 마친 경험이 있었다. 그러나 금발 머리를 한 예쁘게 생긴 그 교장은 유창한 한국말로 다음과 같이 물었다.

"교회 나간 지 얼마나 되었습니까?"

나는 꼬리를 무는 질문에 거짓말하느라고 진땀을 뺐다.

한 교장을 따르던 제자들

한 교장은 한국말을 아주 유창하게 잘하였다. 그녀는 1955년에 내한했지만, 한국 선교회에서 어학훈련을 받으라고 배정한 지 만 1년 만에 바로 한국어 어학시험을 통과한 수재였다.[2] 그러나 선교부의 배당 임무엔 언어 훈련은 1960년까지 계속되었다. 여학교에서는 영어회화반을 조직해서 학생들 10여 명을 가르치셨는데 기전여고의 회화반에 있던 현재의 미국 텍사스주 댈러스에서 대학생들에게 한국어를 가르치고 있는 박화자 박사는 당시를 회상하면서 한 교장은 새 한국 단어를 알게 되면 100

---

2 Report of the Language Committee(Mission Meeting, Sunchon) 1956.

1960년도 여중·고교 교직원 수양회 기념. 앞줄 좌로부터 4번째 한미성 교장, 유화례 수피아여고 교장, 조세환 동사교장, 오형기 교목.

번 이상 발음 연습을 한다면서 학생들에게도 그렇게 영어 단어를 암기하라고 가르쳤다고 한다. 한미성 선교사는 처녀로 1957년(31살)에 교장으로 임명을 받았는데 자신이 감당하기론 문화도 역사도 익숙하지 못한 한국의 한 여학교 교장을 맡는다는 것은 쉬운 일이 아닌 것을 알고 있었다. 더구나 학생 수의 감소, 교사 간의 불화, 전임교사의 부족(인접한 남학교인 신흥학교 교사들이 강사로 많이 출강하고 있었음) 등으로 주인의식이 없었다. 한 교장은 제9대 기전 여·중고 교장으로 취임하면서 광주 수피아여고 교장으로 있던 경험 많은 유화례(Florence E. Root) 선교사에게 지혜를 구하고 그분이 추천한 그 학교의 학생과장을 교감으로 초청했다. 처음 면접에서 조세환 선생은 부임을 반대하고 떠났는데 한 달 후 한 교장은 '한 달 동안 기도했습니다. 무조건 부임해 주세요.'라는 강력한 편지를 다시 보내게 되었고, 조세환 선생은 어떤 생각에서였는지 이를 수락하고 결국 교감으로 부임했다.

한 교장은 조 교감의 학교 경영방침에 많이 동의하고 후에는 학교는 일주일에 한 번 월요일에 나와 교감이 제출하는 서류 결재만 하고 모든 것을 그에게 맡기게 되었다. 그러는 동안 한 교장은 대전대학, 전북대학 등에 강의를 나가 영시를 가르쳤고, 특히 전주 사범학교에는 신앙이 좋은 서정현 선생이 계셔서 학교에 기독학생회를 조직했었는데 그의 초청을 거절하지 않고 나가 방과 후 그 학교에 가서 학생들에게 영어와 한국어로 성경 말씀을 가르치기도 하고 설교도 했다고 한다. 당시 사범학교서 선생의 딸인 서숙자 박사[3]의 회고담은 다음과 같다.

---

[3] 서숙자, 1944년 전북 익산 출생/ 대전대(현 한남대) 학사, 한남대 영문학 박사/ 한남대, 인천시립대, 충청대 등에서 영문학 강사/1997년 〈창작 수필〉로 등단./ 수필집으로 『나를 읽게 하소서』 등이 있음.

그 시절에 한 교장님을 초청한다는 것은 대단한 일이었고 또 바쁘신 중에 이를 승낙하신 한 교장님도 대단하셨다고 생각합니다. 1주일에 1번은 아닌 것 같고 2주일에 1번이나 1달에 1번 정도였다고 기억됩니다. 넓은 음악당을 빌려서 하셨는데 꽉 찰 만큼 호응이 좋았어요. 70~80명쯤 된 것 같아요. 제가 사범학교 1학년, 저의 언니는 3학년이었는데 같이 참석해서 들었습니다. 한 교장님 젊으실 때여서 무척 아름다우셨습니다. 진지한 설교를 하셨던 한 교장님의 모습이 떠오릅니다.

서 박사는 후에 아버지의 권유로 기전여고 3학년으로 편입하여 기전여고를 졸업하고 대전대학 영문과로 진학했다. 또 대전대학에서 만난 2년 선배인 그의 남편 김관식 박사는 한국인으로는 최초로 프랑스 소르본 대학에서 불문학박사 학위를 받은 분이다. 그녀의 큰아버지는 전주 중앙교회 목사님으로 오래 시무하셨으며, 기장 총회장도 역임하셔서 신앙이 좋은 가정 출신이기도 하다.

내게 친구 같던 한 교장

　기전학교를 맡은 지 이 년이 지난 1959년 한 교장은 조 교장을 동사교장(同事校長)으로 임명하고 선교부의 허락으로 짧은 안식년 휴가를 다녀왔다. 그동안 선교부가 그녀에게 부여한 역할은 기전학교 교장과 한국어 훈련과 선교 활동이었다. 그녀는 동사교장인 조 교감을 전적으로 신임하였다. 그녀는 한국 사람들을 돈 많은 수혜국으로부터 '받고, 배우고, 모방' 하는 피동적인 사람으로 만들지 않고 내국인을 발굴하여 '맡기고 그 나라의 문화에 적응하여 스스로 일어서게' 하는 그런 분이었다. 그는 또 자기 주변 사람을 자기 일처럼 배려하는 따뜻함이 있었다. 내가 교사로 있는 동안에도 기전학교 영어 선생들에게 일주일에 두 번씩 밤에 집으로 불러 영어 회화를 지도

하셨는데, 나는 영어 교사도 아니었는데 나를 끼워 넣어 주었다. 나는 그 일에 넘치게 감사하면서도 한술 더 떠서 일기장 두 권을 준비하여 일주일 분을 써서 한 교장에게 내고 그것이 교정되어 돌아오기까지 다른 한 권의 일기장에 글을 쓴 뒤에 교환하였다. 나는 일기에 내가 겪은 이야기들을 주로 썼는데 한 교장은 그런 내용을 보는 것을 좋아하는 것 같기도 했다. 내가 점차 자신감을 가지고 문교부 유학시험에 나올 만한 시사 문제를 가지고 길게 글을 썼을 때는 무슨 논문을 쓸 생각이냐고 말했는데 틀린 것이 너무 많아 고치기가 힘들다는 표현을 한 교장은 그렇게 말하는 것 같았다.

 교사 양성기관인 중등교사 양성소를 다니기 전부터 나는 반드시 중학교 교사가 되며, 십 년 뒤에는 대학교수를 해야 한다는 생각을 굳히고 있었다. 그러기 위해서는 서울대학을 다닐 수는 없었어도 반드시 미국 유학을 해야 한다는 엉뚱한 결심을 굳게 하고 있었다. 그래서 군에 있을 때도 군사 영어학교를 선택했다. 그곳은 미국에서 특수 기능을 배워 돌아오기 위해 언어연수를 하는 곳이며, 귀국하면 군 복무기간이 연장된다는 걸 알고 있으면서도 나는 그곳을 지망했었다. 다행히 교육을 마치자 바로 제대 통지가 나와서 나는 제대하였다.

유학하려면 국가에서 실시하는 미국 유학시험을 통과해야 하는데 당시는 영어뿐 아니라 국사시험도 통과해야 했다. 나는 이병도의『국사대관』을 통독하고 그 안에서 시험에 출제될만한 제목을 뽑아 모범 답안을 만들어 노트에 빼곡히 써서 암기하였다. 그래서 기전학교에 채용된 이듬해 여름, 1961년에 그 시험에 합격했었다. 한 교장은 내가 미국 유학을 갈망하고 있다는 것을 알고 그해 겨울 나에게 선교부에서 뽑는 유학시험에 응시해 보라고 나를 추천해 주었다. 그 시험은 한국 남장로교 선교부 산하에 있는 목사, 의사, 교수들을 뽑아 이듬해 가을부터 미국 유학을 보내기 위한 선발시험이었다. 나는 예수병원 의사로 있는 어떤 장로님과 한 방에서 투숙했는데 그분은 자기 전에 기도하고 아침에 눈을 떠보니 또 앉아서 기도하고 있었다. 남이 보는 데서 그런 기도를 드리는 것에 익숙해 있지 않던 나는 그냥 누워 있었다. 그러나 꼴사납고 불안하였다. 그렇지만 끝내 일어나지 못하고 이불 속에서 속으로 기도하였다.

'하나님 제가 여기까지 시험 보러 왔습니다. 최선을 다하겠습니다. 안 되면 또 다른 길을 열어 주십시오. 기도란 주님께서 나를 인도하신다는 것을 확신하는 거로 생각합니다. 지금까지 저를 인도하셨듯 앞으로도 길을 열

어 주십시오. 제가 따르겠습니다. 하나님, 그러나 기왕이면 오늘 시험을 잘 보게 해 주십시오.'

시험 결과는 불합격이었다. 나는 이불 속에서 그런 경건치 못한 기도를 드린 것 때문에 불합격이 되었다고 생각하고 싶지 않았다. 선교부의 그해 방침은 대전대학 교수들을 우선으로 뽑겠다는 방침이었다고 한다. 이 대학이 기독교 지도자를 양성하는 기관이기 때문에 그곳 교수들을 우선으로 뽑았다는 것이었다. 이 내막을 한 교장에게 들었을 때 나는 한순간 매우 분개했다. 들러리를 섰기 때문이었다. 그보다도 더 치명적인 상처는 내가 정규 4년제 대학을 나오지 않았기 때문에 선택에서 밀릴 수밖에 없었다는 것이었다. 한 교장은 앞으로도 선교부 장학금을 받기는 어려울 것 같다고 말했다.

"계속 기도합시다. 또 다른 기회가 있을 거예요."

내 표정을 보면서 그분은 당황해서 말했다. 아마 내 표정이 하얗게 질려 있었기 때문이었을 것이다. 나는 그때 너무 성급했고 내 욕심에 사로잡혀 있었다. 하나님께서는 내가 대학교를 먼저 나오기를 원하고 계셨던 것을 나는 미처 깨닫지 못하고 있었다.

그 뒤로도 한 교장은 개척교회를 가면서 나를 잘 데리고 갔다. 가끔 그분의 설교 원고를 번역해 주는 일을 했기 때문이었다. 고무신을 팔아서 미국으로 보내고 그 수입금과 고향 교회의 후원금으로 개척교회를 운영하고 있을 때였다. 당시 선교사로 와 있던 사람에게는 정규 직책 외에 선교 활동은 기본적인 의무였다. 학교 기독학생회 회원이나 직원 혹은 교사를 대동하고 갈 때도 있었지만 그분은 나를 기독교인으로 훈련하고 싶은 생각이 있었는지 자주 데리고 갔었다. 그럴 때는 자기 이야기도 많이 해 주었다. 인상 깊었던 내용은 그분이 9살 때 한국 선교의 이야기를 많이 들어서 남장로교 미국 선교본부에 선교사가 되려면 어떤 훈련을 해야 하느냐고 묻는 편지를 보낸 일이 있었다고 했다. 그런데 그때 선교부의 대답은 '무엇이나 잘 먹어야 한다.'라는 것이었다고 했다. 아마 너무 어려서였을 것이다. 그래선지 그분은 지금도 한국 음식을 무엇이나 잘 먹는다고 했다. 그분은 미 선교본부가 있던 North Carolina 주에 살고 있어서 어려서부터 그쪽에 관심과 열정이 있었던 것 같다.

그분은 또 미국에 있을 때부터 남장로교 선교사들이 지리산에 있는 노고단에서 여름 6월 말부터 9월 말까지 풍토병을 피해 생활하며 책도 쓰고 선교 활동 재충전도 했다는 이야기를 읽고 한국에 가면 꼭 그곳을 가봐야겠다고 생각했다는데 막상 그분이 한국에 왔을 때는 공비

출몰이 많아 입산이 금지된 때였다. 그러나 어학연수가 끝난 1956년에 신임 선교사 한 사람과 캠핑 장비를 갖추고 입산한 일이 있었다고 한다. 그때 점심을 해 먹는 데 불을 피우느라 힘들어하고 있었더니 한 남자가 와서 도와주어 잘 먹고 하산했는데 그 남자가 빨치산인 것이 알려져 경찰서에 불려간 일도 있었다는 말을 스스럼없이 하기도 했다. 한 교장은 호기심이 많은 용감한 분이었다.

나는 그분이 선교사일 뿐 아니라 진정한 기독교인이라고 존경하고 있었다. 그분은 생각하는 게 세상에 물들어 있는 우리와는 전혀 달랐기 때문이다. 한번은 학교에서 기전 학생들의 겨울 교복을 새로 바꾸기로 한 때였다. 어떤 교복으로 할 것이냐가 논의의 대상이었다. 몇 가지 패턴을 놓고 의견을 교환하되 육군 사관 학생의 조발(調髮) 때 머리 길이를 결정하는 방식에

기전여중·고 학생들의 코르덴으로 된 자주색 점퍼스커트. 위는 동복, 아래는 하복.

따르기로 하였다. 그들은 머리 길이를 1, 2, 3센티 어느 것으로 하느냐를 결정하기 위해 학생 셋을 뽑아 1, 2, 3센티로 머리를 자른 후 단에 세워서 바라보고 다수결로 결정하기로 했다는 이야기를 우리는 알고 있었다. 우리도 세 가지 패턴의 옷을 해 입혀서 패션쇼를 하여 민주적으로 교복을 정하기로 하였다. 당시는 의류상들이 학교에 교복을 납품하려고 경쟁이 심했고 또 의복을 납품하게 되면 뒷돈을 주어서 교사들이 이익을 나누어 갖기도 했다. 그러나 이 학교는 교사 공채처럼 의복도 그렇게 하기로 했다. 선생들은 모두 어떤 옷이 예쁘냐 하는 것에 열을 올렸는데 한 교장은 모든 교사의 의견을 듣고 있다가 "어떤 옷이 겨울에 여학생들의 몸을 따뜻이 하고 몸을 보호할 수 있습니까?"라고 물었다. 그때 나는 큰 충격을 받았다. 왜 우리는 그런 생각을 하지 못했을까? 우리는 눈에 예쁘게 보이는 것에만 열중해서 옷의 근본적 효용 가치에 대해서는 아무 생각도 못 한 것이다. 이렇게 해서 기전여고의 교복은 코르덴으로 된 자주색 점퍼스커트에 흰 블라우스로 결정이 되었는데 이런 옷은 전국에서도 유일한 것이었다. 그러나 이 교복을 입고 전국 합창대회에서 우승하여 이런 교복을 전국에 크게 소개한 적도 있다. 한 교장은 예쁜 옷보다는 그것을 입는 사람이 더 중

요했었다. '솔로몬의 모든 영광으로도 입은 것이 이 꽃 하나만 못하였다.'라는 성경 말씀이 생각났었다. 타락한 인간의 탐욕은 거듭나지 않으면 진리를 깨달을 수가 없다. 진정, 한 선교사는 주와 동행하며 그분의 생각을 닮아가는 분이라는 생각이 들었다.

학교를 떠나면서 남긴 명문장

등하불명(燈下不明)

1962년 선교부에서 배당한
한 교장에 대한 임무는 전주
와 대전에서의 교육 활동과
대학생 사역이었다. 그녀는
조세환 동사교장에게 기전학
교를 맡기고 새 학기부터는

대전대학 전임교수가 될 생각으로 기전학교 재학생들에
게 '등하불명'이라는 유명한 글을 남겼다. 거기서 그녀는
기전학교의 배지를 언급했었다. 이 배지는 촛대의 불빛
이 여섯 방향으로 햇살처럼 뻗쳐 나가고 있는 모양의 것

으로 햇살 위에는 십자가가 그려져 있었다. 나는 3년을 봉직하면서도 그 배지를 유심히 보고 그 뜻을 생각해 본 적이 없었다. 그런데 그분은 말했다.[4]

"저는 기전학교를 생각할 때마다 교기의 배지에 나타난 등불을 생각하는데 거기에는 두 가지 뜻이 담겨 있습니다. 첫째는 지식의 빛이고, 둘째는 예수 그리스도를 믿는 신앙의 빛입니다. 우리 학교가 이 작은 동산뿐 아니라 온 한국 사회를 비추는 등이기를 원합니다. 기전의 등이 지금은 서울 중앙대학교에 다니는 학생들에게 신앙의 빛과 문화의 빛을 비춰 주고 있는데, 그것은 임영신 여사(본교 출신)가 귀한 손으로 그 등을 가지고 갔기 때문입니다. 또 부산에서, 여수에서, 군산에서 봉사하는 여러 기전여학교 동창생들의 손이 또 그 귀한 등을 들고 있습니다. 외국에서 유학하는 학생들도 그 먼 곳에서 빛을 내고 있을 것입니다. 이 사실로 저는 참으로 기쁘며 아직 세상에 나아가지 않은 학생들에게 이처럼 빛의 역할을 해달라고 간절히 부탁드립니다.

---

4   오승재(2023) pp. 59~61.

그러나 제가 이 문제를 연구할 때마다 기쁜 생각이 흐려지는 한국의 속담 하나가 있습니다. '등하불명(燈下不明)' 곧 빛의 근원에 가까운 곳은 어둡다는 말입니다. 이 심각한 사실을 생각하면 겁이 납니다. 왜냐면 우리 학생들은 기전 동산에서 날마다 시간마다 예수님 영광의 빛을 잘 볼 수 있는데 등하불명으로 아직도 어둠 속에 있는 학생이 있지 않을까? 걱정되기 때문입니다. 또 온유하고 아름다운 주님의 말씀을 들으면서 그 말씀을 통해서 죄에서 자유를 얻지 못하는 학생이 있지 않을까 하는 걱정이 생기기 때문입니다.

남아프리카의 유명한 어떤 목사님의 아들은 다음과 같은 이야기를 했습니다.

'정월 달, 제일 추운 한밤중에 나는 이상한 소리를 듣고 잠을 깼습니다. 하나님은 손자가 없다는 이해할 수 없는 어려운 말이었습니다. 그 말을 듣고 어떻게 생각할 줄 몰라서 며칠 동안 고민했는데 하루는 그 뜻이 갑자기 머리에 떠올랐습니다. 즉 내 아버지의 믿음이 나를 구원할 수 없고 어릴 때부터 주일학교와 교회를 다닌 그 습관도 나를 구원할 수가 없다. 내가 예수를 안다고 하는 것도 직접 예수를 아는 것이 아니었고 풍문으로 아는 것뿐이었다. 그렇다. 하나님은 손자가 없으니 내가 바로 하나님의 자녀가 되어야 한다. 그래서 나는 예수와 직접 관계를 맺고 나의 뜻과 나의 책임으로 예수를 구주로 삼게 되었다'라고 하는 이야기였습니다.

기독교 집안에서 자라고 기독교 계통의 학교에 다니는 여러 학생도 이 사실을 노력해서 이해했으면 좋겠습니다. 내가 가진 신앙은 내 부모님의 신앙인지 내가 참으로 그리스도와 직접적인 관계를 맺어 이룩한 신앙인지……

등하불명! 이 말이 우리에게 좋은 교훈이 되어 우리 학생들은 기전학교에서 나갈 때 그리스도의 사랑과 기쁨의 등불을 가져서 우리 공동 사회에서 또는 대학 캠퍼스에서 직장에서 어디서든지 무엇을 하든지 주위에 있는 사람들에게 빛이 되어 비추기를 부탁합니다.”

3대째 믿음의 가정에서 자란 소년이 아버지에게 “할아버지도 하나님을 아버지라고 부르고 아버지도 하나님을 아버지라고 부르고 나도 아버지라고 불러야 하는데 그러면 하나님과 우리는 촌수가 어떻게 되는 거예요?”라고 물었다고 하는데 조상의 신앙으로 내가 구원을 받는다고 믿고 신앙생활을 하지 말라고, 한 선교사는 강력하게 기전의 재학생들을 끝까지 사랑하며 학교를 떠난 것이다.

그리고 이 글은 그녀가 남긴 명문장이다.

이 기회에 그분이 1958년 한국에서 선교 활동을 하면서 그의 한국어 교사 김종님에 대한 이야기를 선교본부에 보고한 내용을 소개하고자 한다. 그것 또한 감동적인 명문장이다. 선교본부는 선교사들이 본부로 편지를 보내면 복사해서 후원교회에 발송하고 필요하면 교계 잡지에 싣기도 하는데 이런 자료를 보관하는 부서를 MCD(Missionary Correspondence Department)라고 한다. MCD에 보관된 한 교장의 편지를 보기로 하자.[5]

---

5   Huneycutt, Melicent, MCD [letter] 6. 1958 Jan. 6., Chunju[to] friends.

선교편지

기전학교
전주, 한국
1958년 1월 6일

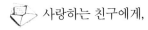 사랑하는 친구에게,

제가 당신에게 나의 예쁜 국어 선생님인 김종님 선생님
을 소개해 준 적이 있나요? 그녀의 이름은 명예의 황금 종
을 의미합니다. '종님이'는 24세이며 공산주의와 기독교만
이 새롭고 그 밖의 모든 것은 수 세기의 전통을 이어가는
작은 산골 마을 출신입니다. 아버지가 돌아가셨기에 그녀
의 오빠가 가장이며 그는 그녀에게는 어떠한 항의도 할 수
없는 절대 군주였습니다. 어린 시절, 종님이와 그녀의 오
빠는 주일학교에 다녔지만, 십 대 시절에 오빠는 공산주의
지도자의 매력에 빠졌습니다. 그러나 공산당의 침략 이후
그는 당과 그 이상에 환멸을 느꼈고, 실제로 한국인의 고

나를 거듭나게 하신 한미성(韓美聲; Melicent Huneycutt) 선교사

유한 전통 숭배로 되돌아갔습니다. 그러는 동안 종님이의 기독교 신앙은 더욱 깊어지고, 성숙해졌습니다. 그리고 그녀의 오빠가 그녀에게 미신과 조상 숭배로 돌아가는 일에 동참하길 요구했을 때, 그녀는 조용하지만 확고하게 그렇게 하기를 거부해서 둘 사이는 미묘하지만 잔인한 박해 상태가 시작되었습니다. 종님이는 급히 집을 떠나 이곳 전주에 있는 우리 선교부 평신도 훈련학교에 입학했습니다.

어제 우리는 함께 고린도후서를 공부하다가 '주의 영이 있으신 곳에는 자유가 있느니라'라는 말씀을 보았습니다. 종님이는 이렇게 말했습니다.

"미신으로부터 자유로워진다는 것이 얼마나 놀라운 일인지 모릅니다. 나는 여름에 오빠의 첫째 아이, 장밋빛 뺨을 하고 통통하고 검은 눈을 가진 녀석이 태어나기 전까지는 미신의 힘이 얼마나 강한지 결코 깨닫지 못했습니다."

"그가 태어났을 때 저는 여름방학 동안 집에 있었습니다." 그녀는 이어 말했습니다. "한국 시골집에 아들이 태어나면 우리는 대문에 새끼줄을 걸고 그 줄에 숯과 빨간 고추를 끼워 좋은 소식을 알립니다. 이 줄이 걸려 있는 동안 가족 외의 사람이 들어오면 불운을 가져오며 이 줄이 끊어지면 엄마의 젖이 말라버린다는 것입니다. 미신이 바로 그것입니다. 그렇게 되면 물론 우리 작은 시골 마을에서는 젖병과 분유에 대해 아무것도 모르기 때문에 엄마가 젖을 먹일 수 없으면 아기는 굶어 죽는다는 것을 알고 계실 것입니다."

"오빠가 부재중에 그런 일이 일어났다는 것도 미신입니다. 저는 그때 우리 교회의 성경학교를 인도하고 있을 때였습니다. 나는 바빠서 그 새끼줄로 걱정하는 것이 정말 불편했습니다. 그러나 사람들은 뭔가 이야기하고 싶을 때마다 새끼줄로 집에 들어오지 못하고 나를 줄곧 불러내는 것이었습니다. 결국, 저는 지쳐서 그냥 그 새끼줄을 끊어 버렸습니다. 다음 날 아기에게 줄 우유가 전혀 없었을 때 아기 엄마의 젖줄이 말라 제가 얼마나 충격을 받았는지 상상이 안 될 겁니다!"

"그래도 나는 미신을 믿지 않았기 때문에 그것에 대해 거의 생각하지 않았습니다. 일시적인 현상이고 그건 지나갈 것으로 생각했습니다. 그래서 가벼운 마음으로 성경학교로 돌아왔습니다."

"다음 9월의 추석 명절 때였습니다. 나는 평신도 훈련원에서 휴가로 어머니를 위해 작은 신발 한 켤레를 사고, 아기를 위해 방울이 달린 팔찌를 사서 집으로 향한 버스를 탔습니다. 집에 가고 싶은 마음이 너무 커서 버스를 내려 집까지 걸어가는 동안 만나는 사람이 나를 쳐다보는 것을 괘념할 여유가 없었습니다."

"울면서 눈이 충혈된 어머니가 문 앞에서 나를 맞았습니다. '아기가 죽어가고 있다.'라고 어머니는 말했습니다. '네 오빠가 크게 화가 났다. 다들 대문에서 새끼줄을 내린 게 다 네 잘못이라고 하더라.' 그것은 과장이 아니었습니다. 아기는 순가락으로 설탕물을 먹었음에도 불구하고 너무 약해서 울지도 못할 무력한 작은 해골로 쪼그라들어 있었습니다. 꼭 기독교인이 되고 싶었던 올케언니도 둔한 절망 속에 나를 바라보기만 했습니다. 그러나 오빠는 나를 불러들였고, 가장으로서 자기 아이를 살해한 혐의로 나를 문책했습니다. 만약 아기가 죽으면 나는 가족에서 쫓겨날 것이라고 말했습니다."

"나는 비참했어요. 나는 이것이 대문에서 새끼줄을 제거한 것과 아무런 관련이 없다는 것을 믿고 있었지만, 마을의 다른 사람들은 내가 악의를 갖고 있었다고 믿었습니다. 나는 위로를 얻기 위해 다른 기독교인들에게 갔지만, 그들도 탈출구가 없다고 느낀 것 같았습니다."

"그때 그중 한 사람이 그 아이가 죽을 것 같으니 그를 위해 철야 기도회를 하자고 제안했습니다. '만일 하나님께서 우리 기도를 들으시고 그 아이를 구원하신다면, 비록 당신의 오빠가 자신을 구원하신 분이 하나님이심을 믿지 않더라도 여전히 당신을 탓할 수는 없을 것'이라고 그녀는 말했습니다."

"우리가 하는 철야 기도회에 대한 소문이 마을 전체에 퍼졌습니다. 호기심 많은 마을 사람들이 우리의 기도를 듣기 위해 교회에 들렀다가, 우리가 기도를 끝낼 때까지 아이가 과연 살 수 있을지 알아보려고 왔습니다. 마치 치열한 씨름 경기를 보는 것 같았습니다. 한편에는 수 세기에 걸친 전통이 있었고, 다른 한편에는 그리스도에 대한 믿음이 있었습니다. 어느 쪽이 이길까요? 그날 밤 아이는 죽지 않았습니다. 다음 날도, 한 달이 넘자 젖이 조금 나왔고 그 다음엔 마실 수 있는 이상 넘쳤습니다."

"크리스마스에 집에 갔을 때는 둥그스름하고 장밋빛 볼이 아이에게 다시 돌아왔고 혼자 앉을 수도 있었고 이빨도 두 개나 났습니다. 나는 그때 그에게 그의 이름을 '성은(성스러운 은혜)'이라고 붙였습니다. 오직 하나님의 거룩한 은총으로 살아났기 때문입니다. 오빠는 고개를 저으며 절대로 그 아이를 그런 이름으로 부르지 않겠다고 다짐했습니다. 그런데 부활절에 집에 갔을 때 우리 집 마당에 들어서자마자 오빠가 다정하게 부르는 목소리가 들렸어요. '성은이, 이리 와!'"

국어 선생인 종님이가 이야기를 잠시 멈추자 나는 반짝

이는 미소를 지으며 쳐다보았습니다. "이제 저는 성은이에게 식사 전에 머리를 숙이고 손을 잡고 기도하는 법을 가르쳐 줬어요. 그랬더니 그는 제 아버지도 머리를 숙이고 두 손을 모아 기도하지 않는 한 식사하지 않겠다고 했어요. 내 오빠는 얼굴이 붉어지고 투덜댔지만, 아들은 똑같은 말을 반복했습니다. 아시다시피 성경에도 '어린아이가 그들을 인도할 것이다'라고 되어 있습니다. 언젠가 성은이가 내 오빠를 주님께로 인도하는 사람이 되지 않을까 싶습니다."

이것은 단순한 이야기였지만 너무 감동적이어서 여러분과 공유하고 싶었습니다. 이교(異敎) 세상에서 그리스도인이 되는 데 드는 비용을 이해하는 것은 우리에게 너무나 어렵습니다. 우리는 미신적 두려움의 노예가 되는 것을 한 번도 경험하지 못했고, 인간을 자유롭게 만드는 진리를 아는 특권에 대해 절반도 감사하지 않습니다. 종님이의 형제, 그리고 미신과 전통의 그물에 갇힌 그와 같은 수만 명의 사람이 곧 주의 진실을 마주할 수 있도록 우리와 함께 기도해 주시지 않겠습니까?

It was a simple little story, but it touched me wo much, I wanted to share it with you. It is so hard for us to understand what it costs to be a Christian in a pagan world. We've never known the slavery to superstitious fear, and aren't half grateful enough for our privilege of knowing the truth that makes men free. Will you pray with us that Chong Nimmie's brother - and the tens of thousands like him, caught in the web of superstition and tradition - may soon be brought face to face with that truth?

Sincerely,

Melicent Huneycutt

한 교장의 뛰어난 문장력은 미국 본토의 기독교인들에게 선교 후원에 선풍을 일으킬만하다고 나는 생각했다.

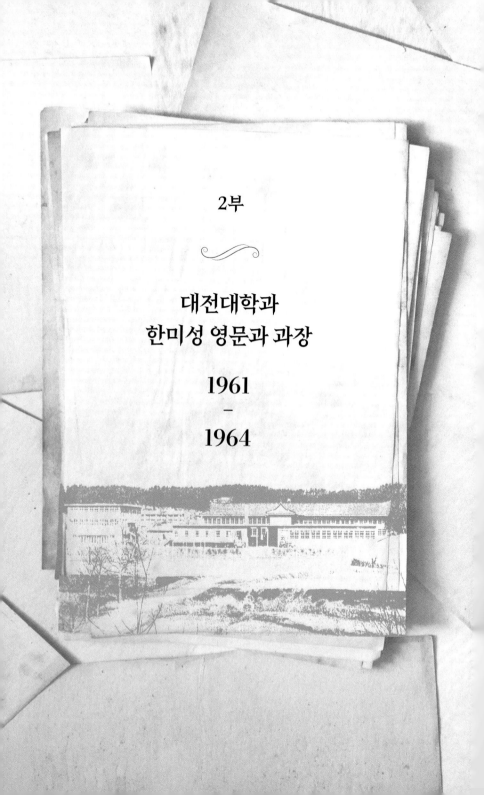

2부

대전대학과
한미성 영문과 과장

1961
–
1964

대전대학

  대전대학의 모체는 1956년 3월 13일 문교부(이후 교육부로 표기)가 인가한 「대전기독학관」이다. 남장로교 선교부가 한국에 개척한 전국 중고·교가 번창하자 이제는 이들이 신앙을 이어받을 고등교육 기관이 필요하다는 청원이 넘쳐 선교부는 1948년 호남에 대학을 설립한다는 기본 원칙을 확정하였다. 그러나 6·25 전쟁 등으로 미루어 오다가 1954년 전주에서 열린 제8차 선교회 연차대회에서 대학을 세울 위치 선정을 하고 교육부에 1955년 10월 1일 개학하겠다고 인가 신청을 했다. 그때 대학 명칭은 대전대학(Taejon College)이었다. 그러나 교육부는 시설 미비로 허락을 하지 않고 시설이 확충되기까지 잠정적으로 대학에 준한 4년제 「대전기독학관」을 운영하는 것이 어떻겠냐는 종용을 받게 되었다.

시설 미비를 인정한 선교부는 교육부의 종용을 따라 서류를 제출하고 1956년 3월 13일 「대전기독학관」 인가 (문교 제383호)를 받게 되었다. 그때 전공 학과는 성문과 (Sacred Literature), 영문과, 그리고 화학과로 총 입학정원 90명이었다. 그러는 동안 선교부는 시설 확충과 함께 꾸준히 정규 4년제 대전대학 신청을 하고 있었으나 허락은 나지 않고 1958년 학관에 수물과 30명 증원을 허락받은 뒤 드디어 1959년 2월 26일 대전대학 설립 인가(문교 제

1965년대의 대전대학.

7915호)를 받게 되었다. 그런데 문제는 기독학관 학생은 대전대학 학생으로 인정을 받지 못하고 타 대학에 편입하거나 대전대학으로 편입하려면 자기가 다니던 학년까지 대전대학이 성장하기를 기다려야 했다. 이런 역사를 가진 곳이 대전대학이다. 그러나 이 대학은 지금도 1956년을 대전대학 개교기념일로 지키고 있다.

한미성 선교사는 1961년 선교부에서 기전학교와 이웃에 세운 전흥초등학교의 동사교장, 언어연수, 일반 선교사역 역할을 배당받고 있으면서 대전대학에 출강하고 있었으나 조세환 교장이 기전학교의 10대 교장으로 취임하게 된 1962년에는 영문과 학과장으로 직장을 옮겨 일하게 되었다. 학교에 게시는 동안에는 나를 그렇게 배려해 주신 분이었는데 나는 내 일에 쫓겨 그녀를 까맣게 잊고 있었다. 그런데 1962년 12월 14일 아내가 예수병원에서 둘째 아들 출산을 보고 나오면서 나는 학교에 잠깐 들렀더니 한(韓) 교장으로부터 편지가 한 통 와 있었다. 반가웠다. 그것은 의외의 소식이었다. 다음 해 대전대학으로 편입하지 않겠느냐는 내용이었다. 자기 조교로 와서 조금 도와주면 첫 학기 등록금과 생활비는 보조해 주겠다는 말이 덧붙어 있었다. 나는 손이 떨렸다. 떠나면서 기도하겠다고 하더니 정말 나를 잊지 않았는가? 나를 위해 두고두고 기도해 왔다는 말인가? 해외 유학시험에 떨어져서 절망하고 있던 내 표정을 잊지 않고 있었단 말인가? 기도해 보자는 것은 허튼 말이 아니었다는 말인가?

아내가 퇴원한 후에도 나는 이 편지에 관해 이야기하지 않았다. 아내는 기전학교에 오자마자 첫 딸을 출산했고 14개월 만에 첫아들을, 또 14개월 만에 둘째 아들, 이렇게 세 어린애의 어머니가 돼 있는 때였다. 이제 겨우 제대로 된 직장에서 빚을 갚고 있는 터에 다시 학생이 되겠다는 말은 할 수가 없었다. 그런데 산후조리가 끝나가는 어느 날 아내는 이런 말을 했다.

"이제는 유학 꿈은 포기했어요?"

"그래야지 뭐. 아이 아버지가 무슨 유학?"

"그래요. 이제 좋은 작품이나 쓰세요."

나는 별 뜻 없이 유학의 꿈을 포기한 홀가분한 기분으로 한 교장의 편지 이야기를 했다. 아내는 내 얼굴을 쳐다보았다. 금방 심란해진 표정이었다.

"잊어버려. 나 그럴 생각 없어. 서른 살에 세 어린애의 아이 아버지로 무슨 대학이야."

그러나 며칠 뒤 아내는 중대 선언을 했다. 내가 유학의 꿈을 포기하지 않을 텐데 애들을 다 키워 놓고 떠나면 너무 늦을 것이기 때문에 공부를 바로 시작하는 것이 좋겠다는 것이었다.

"우리의 삶은 처음부터 평탄하지 않았잖아요? 그리고 이것은 하나님이 예비한 기회일지도 몰라요."라고 아내는 말하였다. 나는 그때 갓난애까지 세 어린애를 아내에게 맡기고 다시 학생이 되어야 한다는 것이 어떤 것을 의미하는지 전혀 머릿속에 들어오지 않았다. 자석에 끌리는 것처럼 끌려가고 있었다. 나의 행위를 주장하는 것은 합리적인 이성이 아니었고 내 감성을 주장하고 있는 또 하나의 힘이 배후에 있었다. 그리고 지금 나는 하나님께서 그때 나를 위해 그런 계획을 갖고 계셨으며 나를 강하게 이끄셨기 때문이었다고 생각하고 있다.

이렇게 해서 나는 30세의 아이 아버지가 대전대학의 3학년 학생으로 편입하게 되었다.

한미성 교수와 UBF

수학과 학생이 영문과 조교가 된다는 것은 있을 수 없는 일이었다. 그러나 나는 조교라는 명목으로 수업이 없는 때 한 교수의 방에 들러 학생들 숙제 물 제출 상황을 정리하고 한 교수에게 오는 개인적인 편지를 읽어주고 답장을 지시한 대로 써주는 일도 했다. 그래야 조교 사례를 받을 수 있었기 때문이다. 한 교수는 사례를 주면서도 내 아내와 만날 수 없어 어떻게 하느냐고 걱정하였다, 밤에는 시내 장동에 있는 미군 부대의 병사들을 데려와 쿠키 대접을 하면서 소그룹 회화반을 만들어 영문과 학생들과 만나게 해 주는 일도 했다. 그러나 주된 일은 UBF(University Bible Fellowship) 활동을 돕는 일이었다.

당시 한 교수는 대전지구 성경연구회 UBF(University Bible Fellowship)를 창설하고 대학생 성경 연구모임을 시작하고 있을 때였다. 대전의 한미성 교수와 광주의 배사라(Miss Sarah Barry) 선교사 중 누가 이 일을 먼저 시작했는지 또 공동으로 시작한 것인지는 잘 모르겠다. 그러나 한 교수는 영문과 학생 지도뿐 아니라 선교부에서 배당받은 역할 중의 하나인 대학생 선교의 목적으로 UBF의 일을 활발히 진행하고 있었다. 나는 대학생들을 모아 한 교수가 영어로 성경 말씀을 가르치는 일을 돕는 일이었다. 성경을 묵상하고 그 말씀의 진리에 따라 내 가치관을 바꾸어가는 일에는 열심이었지만 나는 다른 사람을 전도해서 이끌어 오는 데는 매우 서툰 사람이었다. 그래서 UBF라는 단체에 대학생들을 인도해 오는 일도 잘 못 했다. 학생들은 그저 외국 사람이 영어로 성경 말씀을 가르치니 함께 모여 영어도 배우고 성경공부도 하자는 정도였다. 그러나 UBF의 목표는 대학생들이 바른 성경 말씀으로 참 기독교인으로 거듭나는 일이었다. 문제는 대전의 모임은 20, 30명으로 미미했는데 광주의 배사라 선교사가 인도하는 UBF는 300명이 넘으며 독자적인 회관도 가지고 있다는 차등 의식이었다. 그뿐 아니라 광주의 회원들은 대전의 회원들도 광주의 수련회에 참가해서 자기들을 본받으라고 도전해 왔다. 그곳은 신학대학원을 마친 강도사가 전임으로 뛰고 있었는데 전도할 만한 학생 하나만 만나면 그가 오토바이를 타고 달려가서 죄를 회개하자고 말한다고 한다. 죄가 뭔지도 모른 사람을 붙들고 그렇게 말하기가 쉬운 일이 아니다. 상대방이 어리둥절하고 있으면 강도사는 자기가 지은 죄를 숨김없이 이야기하는데, 결국 상대방도 감동하고 자기도 죄를 눈물로 회개를 하게 된다고 한다. 그런 뒤 강도사는 서로 붙들고 울며 기도하는데 떠날 때는 형제는 앞으로 울지 말고 속으로 눈물을 삼키라고 다짐하게 했다. 눈물을 흘리고 나면 카타르시스가 되어 주님의 일을 밀고 나가는 추진력이 없어진다는 것이다. 이런 과정을 겪고 나면 그 학생은 결코 떨어져 나가지 않으며 어떨 때는 너무 심취해 등록금을 회관 운영비로 전부 바쳐버리기도 했다. 이런 유대가 서로 비밀을 나누어 가진 공범의식에서인지 아니면 진정한 신앙의 결단에서인지 판단하기는 쉽지 않다. 그러나 언제나 감성은 지성을 압도한다. 우리의 행위를 결정하는 것은 이성적인 지식이 아니고 감성적 의지다. 그들은 이렇게 해서 결속된 한 단체가 된다. 회관에서 친목 모임은 서양식 다과가 아니라 한국 엿가락을 나눈다. 찬송 대신 애국가도 부른다. 그들은 이렇게 주체적인 민

족정신도 불어넣어 주어 300명을 만들었다.

우리도 대전 역전의 대우당 약국 이 층 방을 빌려 UBF 회관을 만들고 턴테이블을 놓고 명곡을 감상하며 대학생들의 휴식 공간을 만들고 때로 거기서 영어 성경공부도 하였다. 그러나 그것만으로는 기독학생회 조직이 견고하게 만들어지지 않았다.

1964년 1월 한 교수는 나에게 광주처럼 대전도 겨울 방학을 이용한 UBF 수련회를 준비하라고 거금 36,000원을 주었다. 이것이 얼마나 큰 돈인지는 내 한 달 용돈이 2,000원인 것에 비하면 곧 알 수 있다. 나는 수련회

수련회를 마치고. 맨 뒤 좌측이 김정일 동문. 후에 전국 UBF의 간사로 활약이 컸다. 앞 줄 좌로부터 한미성 교수, 수련회 강사, 임춘복 전도사.

일주일 전 한 교수 댁에서 여덟 사람의 임원들을 소집해 2박 3일의 준비기도회를 했다. 끝나는 날 모두 돌림 기도할 때는 너무 열심이어서 끝나고 나니 기도한 시간이 2시간이 넘었다. 충남대생으로 새로 리더가 된 사람이 있었는데 아마 놀랐는지 그 뒤로는 모습을 드러내지 않았다. 나도 그렇게 기도 강행군을 한 것은 그것이 처음이었다. 그러나 나는 '쟁기를 잡고 뒤를 돌아보는 자는 하나님 나라에 합당치 않다'라고 자신에게 외쳤다. 그렇지 않으면 나는 이 수련회를 성사시킬 수 없었기 때문이다. 서울 기독교 대학의 한 교목을 모서 와서 수련회는 21일부터 4박 5일 은혜스럽게 마쳤다. 그러나 수련회의 열매는 많은 인원동원에 있는 것이 아니고 하나님께서 이 모임을 어떻게 쓰려 하시는지 지켜보는 데에 있다는 것을 깨달았다.

한 교수는 미국으로 귀국하고 이 모임은 그 뒤 광주의 UBF에 흡수되었다. 이창우 강도사는 이제 광주는 든든하게 섰으므로 대전을, 그리고 다음은 서울을 공략할 차례라고 말하더니, 결국 UBF는 서울을 본부로 둔 전국적인 단체가 되었다. 대전에서 활동했던 김정일 형제는 후에 서울에서 UBF의 중심 지도자가 되었다. UBF는 회원이 독일에 간호사로 파송되면 바로 그녀를 UBF 선교사

로 임명하여 파송하였다. 이렇게 해서 UBF는 또한 세계
적인 단체까지 되었다.

문학에 대한 열정

로버트 프로스트의 추억

한미성 교수는 대전대학으로 옮긴 뒤 학생들을 열심히 가르치고 UBF 활동으로 대학생 선교를 열심히 하는 중에도 문학에 대한 열정을 잃지 않았다. 시인 서정주 선생과의 교우를 돈독히 하면서 그의 시(귀촉도 등)를 영어로 번역해 주기도 하며 「현대문학」 1963년 7월호에는 '로버트 프로스트의 追憶'이라는 글을 투고했다. 그곳에 서정주 선생은 한 교수를 다음과 같이 소개하고 있다.[6]

---

6 韓美聲, 「로버트 프로스트의 追憶」(현대문학 1963년 9월호) p. 238.

'…대학 재학 시에 이미 대학의 시상(詩賞)을 탄 재원(才媛)으로 현재는 아메리카에서 발간하는 「포에트리(Poetry)」지에 빛나는 시편들을 발표해 오고 있는 규수시인(閨秀詩人)이다. 이런 훌륭한 필자를 얻어, 우리의 현대문학지에 소개할 수 있게 된 것은 나의 큰 자랑이고 기쁨이다〈徐廷柱〉'

한 교수는 프로스트가 그해 1월에 사망했다는 뉴스를 보고 그를 추모하게 된 모양이다. 발표된 내용을 요약하면 다음과 같다.

'두 차례의 세계대전이 끝난 후 수개월 동안 우리 모든, 젊은이들은 삶의 의욕이 보다 격렬했습니다.'라고 시작한 뒤 그녀가 대학 3학년 때를 회상했다. 그때 그녀는 유명한 로버트 프로스트를 만났는데 그에 대한 지워버릴 수 없는 기억과 자기가 앉아서 유명한 그의 말과 몸짓을 하나하나 삼키고 있던 시간에 대한 기억이 선하다고도 했다. 전국적으로 유명한 시인을 Flora McDonald College, N.C.라는 시골 대학에서 만나게 되리라고는 상상도 못했던 것 같다.

그녀는 계속 이렇게 쓰고 있다.

'일흔도 더 되신 미국 시인들의 원로인 그는 아마 이런 햇병아리 시인들과는 다를 거라고 느꼈습니다. 어쩌면 고매하고 고상한 성격을 가졌으며 키는 훨씬 크고 올림피아의 권위를 갖고 구르는 파이프 올갠의 음색으로 이야기하는 그런 분일지도 모른다고 생각하면서.

그때 그는 우리가 기다리고 있던 응접실로 들어왔습니다. 얼어붙었던 내 마음은 곧 풀렸습니다. 내가 이미 익히 알고 있었던 사람이 아닙니까?

나는 그가 말할 때 실망했던 것을 고백하지 않을 수 없었습니다. 우리 남부 사람들은 으레 성량이 풍부한 정정당당한 목소리를 가지고 있어 남부 농군들의 음악적인 한 음색의 이야기를 듣는 것은 참 즐겁습니다. 그런데 로버트 프로스트의 말은 건조하고 얄팍한 비음(鼻音)을 가진 뉴잉글랜드 말이었습니다. 그러나 그는 우리의 귀까지 매혹시킬 수는 없었을지라도 매우 평범하여 그 자체에 우리의 마음을 사로잡는 부드러움과 따끔한 즐거움과 유머와 사실(寫實)을 지니고 있었습니다. 내가 그와의 시간 동안 가장 그를 좋아하게 된 것은 바로 이 솔직한 사실 때문이었습니다. 그것은 그 자체에 일종의 겸양을 지니고 있었습니다. 왜냐면 이 자연계보다는 더 이상적인 세계에 관심을 갖는,

영감을 받은 시인이고자 하는 것이 그에게는 유혹거리가 되었을 것이기 때문입니다. 쏟아져 나온 지혜의 말을 낱낱이 들으려고 그의 입술을 지켜보고 있는 꿈을 꾸는 듯한 눈을 한 낭만적인 젊은 대학생들과 함께 있을 때 그가 교황의 직을 차지하거나 모든 것을 아는 체하는 우쭐한 존재, 소위 뽐내는 시인의 얼굴을 하기는 쉬운 일이었을 것입니다. 그러나 그는 이러한 유혹에 빠져들지 않았습니다. 그는 우리의 토론을 깡그리 지상의 실제적인 평지에서 떠나지 못하게 붙들어 놓았습니다. 이것은 처음에 우리에게 환멸을 느끼게 했습니다. 그러나 후에 나는 그것이 매우 건전한 정신상태임을 느꼈습니다. 그것은 또 우리에게 시는 일상생활 속에서, 참 생활 속에서 써져야 한다는 것을 깨닫게 했습니다.

그날 밤 우리는 대강당에 모여 앉아 그가 그의 시 '돌담 보수(補修)-Amending Wall'와 '사과 추수 후(After Apple Picking)'를 내놓고 이 걸작들을 한 행 한 행 풀어 우리에게 호기심을 주면서 그의 신랄한 말솜씨와 산뜻한 지성으로 몰려 앉은 군중들을 매혹하고 있는 것을 보고 있었습니다.

비록 과열된 대학생들에 의하여 낮에 이리저리 끌려다닌 후 정신적으로나 육체적으로나 피로했었지만, 이 놀라운 70대의 할아버지는 생동하는 영향력 있는 감성으로 그

렇게도 큰 강당을 밝게 했던 것입니다.'

"생동하는 감성이라고 나는 무의식 속에 말했는데 이제 그 온화한 목소리는 고요하고 그의 정력적이었던 심장은 고동을 멈추었습니다. 나는 지난겨울, 신문이 온 세계에 로버트 프로스트가 별세했다는 소식을 전했을 때 한 가족을 잃은 것처럼 느꼈습니다."라고 한 교수는 그의 죽음을 이렇게 회상했습니다.

"프로스트의 풍성하게 익은 많은 과일 가운데 못 쓰게 되었다고 단정된 것은 매우 드물었습니다. 그러나 그의 피로는 대단히 컸을 것이 틀림없습니다. 오직 그의 의무감이 생명에 집착하여 그를 오래 살게 했던 것이지요.

그리고 이제 1963년 그의 약속은 모두 지켜졌으며 그가 걸어야 했던 수백 리는 그의 뒤에 있습니다. 로버트 프로스트는 그가 살아서 동경하던 어둡고 깊숙한 사랑스러운 숲을 지금은 자유롭게 거닐고 있습니다."

나는 그해 6월 3일 한 교수가 갑사에서 미당 서정주 교수를 만날 때 동행했었다.

왼쪽이 한미성 교수와 서정주 시인 그리고 필자. 우측에 교무과장이셨던 황희영 교수와 직원들.

제4회 문학의 향연-셰익스피어의 밤(Romeo and Juliet)

이 연극 공연은 사진 기록도 없어 1963년 당시 4학년이었던 이계홍 학생의 편지를 그냥 올린다.[7]

제가 기억하는 부분은 1963년도 대학 4학년 때 한미성

---

7 이계홍, 1939년 전남 목포 출생/ 전주 신흥고교, 대전대학(현 한남대) 졸/ NWA 총대리점, 서울지사 부장(30년), 기드온협회 회장, 항공회사 예약협의회 회장 역임/ 현재 한사랑 여행사 대표이사.

교수가 저희에게 영문학을 가르치는데 주로 Shakespeare 작품을 강의하실 때 한 학기에 두 권을 숨 가쁘게 이끌어 가셨습니다. 더욱이 영어를 영어로 paraphrase 하면서 진행하였기에 힘들었습니다. 특별한 행사로 Romeo와 Juliette 연극을 교육 및 강한 훈련으로 준비시켜 대전 시민회관에서 첫 공연을 하였습니다. Romeo 역은 허왈경 학생이, Juliette 역은 김복혜 학생이, Juliette의 삼촌인 Tybalt 악역은 제가 맡아서 검투 연습도 하였지요. 막상 무대에 올라 공연에 임할 때 Romeo와 Juliette은 나름대로 진지하게 잘했고 내가 맡은 단역은 Romeo와 칼로 검투하다가 Romeo의 칼에 제가 찔려 장엄하게 소리가 들릴 정도로 바닥에 쓰러져 죽었지요. 그런데 이상하게 관중들의 박수 소리가 들리더군요. ㅎㅎ

또 기억나는 것은 자주 숙제를 주는데 제시간에 제출하지 않고 있다가 교수가 교실을 나갈 때 따라가면서 제출하면 마이너스 점수를 주셨지요. 늘 긴장하며 stress를 많이 받았어요. 전국 English Speech Contest(고등학생 영어 웅변대회)를 개최할 때 교수님이 저에게 대회 사회를 부탁하셔서 부담스럽지만 기쁜 마음으로 순종하였습니다. 대회가 끝나고 참가했던 어느 지방 학생이 사회자인

나를 부러워하며 칭찬하기에 으쓱하며 작은 보람을 느꼈
지요.

한 가지 에피소드는 Romeo를 맡은 친구가 Juliette에
는 관심이 없고 지도 교수 허니컷에게 love letter를 보내
서 약간의 말썽을 피웠죠.

제5회 문학의 향연-셰익스피어의 밤
(A Midsummer Night's Dream)

셰익스피어의 5대 희극 중의 하나인 '한여름 밤의 꿈'
은 이 연극에 참여했던 1964년 4학년이었던 박화자[8] 학
생의 수기를 올린다. 이 연극은 이틀에 걸쳐 대전 시내의
고등학생과 대학생들 그리고 대전 시민에게 대전대학을
홍보하기 위한 것이었는데, 특히 영어 웅변대회와 영어
연극은 타 대학과 비교가 안 될 만큼 훌륭하다는 칭찬을

---

8 박화자, 1942년 전북 김제 출생/ 기전여중·고, 한남대, 이화여대, 프린스턴 신
   학교 석사, UTA 영어교육학 박사/ 기전여중·고, 서울 보성여고 교사, 예장 어
   전도회 전국연합회 총무(5년), 빛내리교회 부속 은혜기독학교 교장(13년) 역
   임/ 미국 남서부 한국학교연합회 Teacher of the Year(2011), 한남대 자랑스런
   동문상(2016) 수상/ 현재 Dallas College 및 UTD 한국학 교수.

받았다. 그리고 공연 후 가까운 장동에 있는 미군 부대와
기전학교 등에서 재공연을 하기도 했다.

한미성 교수는 4학년 1, 2학기에 Shakespeare를 강의하
셨는데, 2학기에는 '한여름 밤의 꿈' 공연을 위해 주력했습
니다. 작품은 당시 영어 영문학과 학생들 개개인의 실력,
생김새, 성품까지 자세히 알고 계셨기 때문에 한 교수님께
서 모든 학생이 맡은 역을 해낼 만한 작품을 선택하셨다는
생각이 듭니다.
성심을 다하시는 교수님의 지도에 모든 학생이 성공적
으로 공연했기 때문에 모두 A학점을 받았을 것입니다. 대
전 시민회관을 대관하여 학생들뿐만 아니라 대전 시민들
을 초청한 공연이었습니다. 60년 전 일이지만 지금도 설
렙니다. 저는 Hermia 역으로 Helena(박정옥)와 많이 싸우
고 불편했습니다. 상대역은 Demetrius(장무구)였습니다.
지금도 장무구 씨는 소식이 궁금합니다.

나는 영문과 조교를 한 학기만 하고 그 뒤부터는 대학
에서 장학금을 받아 학업을 계속하고 있었다. 그러나 그
분이 하는 선교 활동에는 적극 협력하고 있었다. 나는 이
대학에 미안한 것뿐이었다. 한 교수에 배당받은 조교장

1964년 4월 22~24일까지 대전 시민회관에서 공연을 마친 뒤 찍은 사진.

학금을 받아 쓰는 것도 미안했고, 학교에서 수·물학과 장학금을 받은 것도 미안하였다. 당시는 수학과 물리를 겸한 수·물학과가 있었는데 수·물학과의 정원은 30명이었다. 그런데 당시 우리 과 학생은 단 3명뿐이었으며 그중 나는 전액 장학금, 또 한 사람은 물리실험 조교장학금, 그래서 등록금을 제대로 내는 사람은 한 사람뿐이었다. 그런데 수·물학과의 전임교수는 3명에 다른 전공필수에 따른 교수들도 있어 한 시간도 빠질 수 없었다. 내가 결강하면 1/3이 결강하는 그런 형편이었다.

그런 대학에서 신앙까지 심어주어 얼마나 고마운지 모두가 감사한 것뿐이었다. 이렇게 고맙게 학위를 마치게

해 준 한 교수는 내가 졸업하기를 기다리지 못하고 2학
기부터는 자취를 감추었다. 남장로교 선교부 회의록에
의하면 대전 선교부 편에 1964년 7월 1일 이후 안식년이
끝나면 정규 업무에 돌아온다고 되어 있다. 그러나 그녀
는 돌아오지 않고 나에게도 아무 말도 남기지 않고 떠나
버렸다.

그분은 다재다능한 분으로 문학에, 선교에, 특히 대학
생이 하나님의 은혜를 깨닫고 구원받기를 진정으로 원하
고 계셨던 분이다. 특히 학생들과 동료 사역자들을 사랑
하고 돌보는 일을 자기 몸을 아끼지 않고 하셨다. 그분은
1964년을 마지막으로 한국을 떠나셨는데 대전대학에서
학생들을 얼마나 사랑하셨는지 그분의 마지막 선교편지
를 여기 올리고자 한다.[9]


```
                              Miss Melicent Huneycutt
                              Presbyterian Mission, No. 133
                              Ojung-Ni, Taejon, Korea
                              May 4, 1963

Dear friends,
```

---

9   Huneycutt, Melicent, MCD [letter] 11. 1963 May 4., Taejon [to] friends.

친애하는 동역자 여러분

1963. 5. 4.

최근 여러분 중 많은 분이 흥미롭고 격려가 되는 편지를 써 주셔서 저는 서신에 '푹 빠졌습니다'. 이 편지로 제가 여러분의 노고에 보답할 수 있는 충분한 소식이 될 수 있기를 바랍니다.

이곳 대전대학에서 제가 하는 일은 매우 매력 있고 보람이 있습니다. 우리 영어과에는 80명의 학생이 있습니다. 그들 80명의 영혼이 그리스도를 위해 불타오르고 주님을 위한 더 나은 증인이 되려고 노력하고 있습니다.

영작문 시간에 다음 글을 쓴 3학년 유무근 학생과 같은 젊은이들을 상담하고 지도하는 것은 얼마나 큰 기쁨인지 모릅니다.

'나는 보라색을 사랑하게 됐어요. 왠지 모르겠어요. 또 나는 그녀를 사랑하게 되었는데 그녀의 겸손함 때문에, 그녀를 매우 사랑합니다. 따라서 나의 원대한 꿈은 '보라색 삶', 또는 '겸손한 삶'입니다.

저의 꿈은 한때 링컨과 같은 위대한 정치인이 되는 것이
었습니다. 그때 제 생각은 세상에서 가장 위대한 일은 인
류에 대한 사랑이었습니다. 그래서 저는 링컨처럼 되기를
하나님께 기도했습니다. 하지만 불행하게도 우리 가족은
사업에 실패한 아버지 때문에 매우 가난했습니다. 그래서
사랑하는 가족은 배가 고팠습니다. 특히 내 사랑스러운 막
냇동생의 배고픔이 내 생각을 바꾸었고, 꿈은 멀리 사라졌
습니다. 오직 가난에서 벗어나고 싶을 뿐입니다. 지금의
제 꿈은 이렇습니다. 첫째, 하나님의 좋은 아들이 되고 싶
습니다. 왜냐면 하나님의 말씀인 (로고스)는 빵보다 더 중
요하기 때문입니다. 둘째, 나는 부모님에게 좋은 아들이
되고 싶습니다. 아니, 그래야만 합니다. 그래서 그분들이
제가 태어난 날을 기뻐하시게 하기 위해서입니다. 셋째,
나는 좋은 일꾼이 되고 싶습니다. 그것은 내 여동생이 내
가 대학에 다니도록 남의 집에서 일하고 있기 때문입니다.
그녀는 여자고등학교에 가고 싶어 했으나 가지 못하고 시
간을 쪼개 독학하고 있습니다. 그러면서도 나를 보면 웃으
며 자기는 행복하다고 합니다. 나는 눈물이 날 수밖에 없
습니다. 그러면 그녀는 울지 말라며 '주 안에서 우리는 기
쁘지 않아요?'라고 합니다. 그럼, 저는 하나님의 임재에 다
시 감사합니다. 여러분은 왜 제가 좋은 일꾼이 되고 싶어

하는지 아실 것입니다. 내 또 다른 꿈은 이것입니다. 언젠가는 훌륭한 남편과 아버지가 되는 것입니다. 내 마지막 꿈은 주 안에서 훌륭한 죽음을 맞고 주와 함께 쉬는 것입니다. 이것을 나는 믿고 또 믿습니다.'

젊은 유 군과 같은 대부분 학생은 개인 교수를 하며 대학에서 일하며 지내고 있습니다. 경제적으로 대학을 다니기가 쉽지 않습니다. 그러나 그들의 믿음과 가족을 위한 욕구가 그들을 지탱하고 있습니다. 우리는 진정 그들의 멘토가 되는 특권을 가지고 있습니다.

다시 우리 대학과 그 사명을 실현하도록 헌금과 기도로 도와주심을 감사드립니다.

감사합니다.

— 한미성 올림

대전대학은 학생들을 그렇게 사랑하는 대학이었다. 우리 대학은 초창기부터 기독교 대학으로 '믿음, 배움, 사랑'을 실천하는 사명을 가지고 출발했다. 먼저 하나님을 알고 나라를 과학 한국으로 이끌 학문을 배우고 사회에 나가 하나님의 사랑을 실천하는 학생으로 기르겠다는 게 이 대학의 '사명 선언'이었다. 따라서 이 나라를 선진국으로 만들기 위한 학과는 성문(성경문학)과, 영문과, 화학과, 수·물과 등 하나님의 말씀과 국제적으로 소통할 수 있는 언어 능력과 과학 입국을 위한 최소한의 기초과목들을 가르쳐 세상에 내보내는 일이었다. 그런데 1968년 성문과는 우리나라에서 유일한 학과였는데 '알 수 없는 학과'라고 국가에서 폐과시켜 없어졌다. 그때 성문과 과장으로 있었던 모요한 교수는 졸업생 모두의 사진을 자기 서재에 걸어 놓고 매일 기도했다고 한다. 당시 졸업생들은 미국과 한국 등 많은 곳에서 목사로 일하면서 그들이 그자리에 있게 된 밑거름은 학과장 모 목사의 기도가 있었다는 것을 기억해야 한다고 생각한다. 대전대학의 은사들은 이렇게 제자들을 사랑했다.

영원히 떠난 안식년

한 교수는 선교사로는 좀 특이한 분이었다. 선교사들이 모여 사는 선교사 촌에 들어가 입주해 살지 않고 학교 과수원 곁의 한 개인 주택에서 따로 나와 살고 있었다. 이유는 한국 선교사로 살려면 침대 없이 온돌방에서 연탄 때며 살아야 한다는 생각이었다. 개인 주택은 외국 선교사가 나와 살 수 있는 곳이 아니었다. 당시는 좌변기도 없었고 화장실은 실내가 아니고 집 밖에 나와 있었다. 이런 '선교사 촌'을 떠난 곳에 어떻게 미국 여선교사가 나와 살 수 있다는 말인가? 그런데 그녀는 선교부의 반대가 있었으리라고 생각되는데 그 민간 주택에 나와 살고 있었다. 혼자는 살 수 없었는지 기전여고에서 양녀로 삼았던 조경덕 학생이 서울여대를 다니고 있었는데 그녀를 대전대학의 화학과 2학년으로 편입시켜 함께 개인 주택에서 살았다. 이 조경덕 학생은 전쟁고아로 북한에서 피난해 온 여학생인데 부모를 잃고 홀로 되어 피난민 수용소에서 기전학교에 다니고 있었는데 그녀의 보호자 격인 아주머니가 외지로 떠나게 되어 학교에 다닐 수 없게 된 것을 알고 한 교수가 기전학교 교장으로 있을 때 입양한 학생이었다. 그러나 처녀는 입양할 수 없다는 법 때문에, 함께 일했던 조세환 동사교장에게 사정해서 조 교장 앞으로 입양해 주면 자기가 재정적인 부담은 하겠다고 한 것 같다. 조 동사교장도 그 문제는 아내를 이해시키기가 어려웠을 것으로 안다. 그러나 결국 그 여학생을 양녀로 삼아 이름을 조 동사교장의 성을 따 '조경덕'이라고 호적에 올려 돌봐 주고 있는 학생이었다.

이때 한 아주머니가 주간에는 가사 도우미로 와 있었다. 그런데 문제는 대전대학 가까운 곳에 '성육원(聖育院)'이라는 기독교인이 운영하는 보육원이 있었는데, 한번은 한 교수가 그곳을 방문했다가 한 남자 어린애를 보았는데 귀여워서 안아 주었더니 내려놓자 떨어지지 않고 울기만 했다고 한다. 그후 그 어린애가 눈에 밟혀 입양 절차를 어떻게 처리했는지 그 애를 경덕이와 살고 있던 집으로 데려와 분유를 먹이며 길렀다. 그것이 한 교수의 마음에 밴 예수 그리스도의 마음이었다. 이렇게 해서 도우미 아주머니의 책임이 하나 더 늘어났다. 그런데 이 어린애는 한 교수가 학교로 출근할 때는 심하게 울었던 것 같다. 그래서 도우미와 한 교수 사이에 견해차가 생기고 갈등이 생겼던 것 같다. 풍문에 의하면 그 도우미는 자기 교회 장로에게 자기 억울함을 호소하고 그 장로는 미 선교부에 이 사실을 고발했다는 말도 있다. 어떻든 한 교수는 1964년 가을 안식년 휴가를 받은 것을 계기로 대학을 떠나고 다시는 선교사로 한국에 발을 들여놓지 않았다. 떠나면서 나에게 그 이야기를 할 수도 없었을 것이다. 홀로 남은 양녀 조경덕에게 다른 집을 얻어주고 미국에서 학비와 생활비, 어린애 양육비도 보내 주겠다고 약속하고 떠났다고 한다. 그러나 경덕은 당시 미국에서 송금해 받는 일이 아주 까다로웠다고 한다. 그래서 경덕은 어린애를 돌보느라 학교도 휴학했는데 그때 사귀고 있던 일년 후배 임승렬 남학생이 어려울 때마다 도와주지 않았다면 어떻게 살았을지 알 수가 없었다고 회고했다. 그 임승렬 학생은 일 년 뒤 졸업해 취직하고 경덕 가족을 돌봤으나 그녀는 결국 2년을 유급하고 대학 졸업 후 결혼했으며 그 어린애는 남학생의 아버지 호적에 입적하여 조경덕의 아들 같은 남동생(시동생)이 되고 임승렬은 아버지 같은 형이 되었다. 지금 그는 미국에서 대학을 마치고 어엿한 청년으로 장성했다.

조경덕은 과거를 회상하며 자기의 어려움은 말로 다 할 수 없었지만, 한 교수의 수난도 심했다고 했다. 1962년 '제4회 문학의 향연' 때 '로미오와 줄리엣' 연극의 '로미오' 역을 맡았던 남학생은 밤길에 한 교수가 퇴근할 때를 기다려 구애(求愛)했으며 밤 중에도 집에까지 찾아와 문을 두드리며 아무 응대도 하지 않으면 지붕에 돌을 던져 여자 둘이 살고 있던 집에서 무서워서 혼났다고 경덕은 그때를 회상하고 있다. 그는 선교부가 투자해서 학교 뒷산에 심은 소나무를 관리하는(벌목 감시와 송충이 퇴치 등) 아르바이트로 학비를 보충하던 어려운 학생이었는데 홀어머니 밑에 자라고 있었는지 그 어머니도 아들이 너무 애처롭다며 한 교수를 찾아와서 제발 아들과 결혼해 달라고 호소했다고 한다. 경찰이나 선교부에 도움을 요청할 수도 없어 경덕은 한 교수를 보고 있는 자기가 너무 안타까웠다고 회고했다.

선교란 무엇인가? '복음'을 타 문화권에 전하는 일이다. 무엇이 '복음'인가? 인간은 창조주 하나님과 함께 교제하며 에덴동산에서 살았다. 그런데 인간이 죄를 짓고 타락하여 지상으로 쫓겨났다. 이제는 자기 목숨 대신 피 흘리는 제물을 바치지 않고는 인간은 하나님과 화해할 수 없다. 그런데 하나님의 아들, 예수가 지상에 내려와 자기를 희생제물로 십자가에 돌아가심으로써 인간은 죄에서 해방되고 하나님과 다시 화해하게 되었다. 타락한 인간이 죄에서 해방되어 하나님과 화해하게 되었다는 이 놀라운 소식이 '복음'이다. 그러나 당시 한국은 '복음'을 전할 상황이 아니었다. 헐벗고, 굶주리고, 양반을 빼고는 모두 노예처럼 사는 문맹자들이었다. 그런 나라에 와서 선교사는 이 신학적 이론인 '복음'을 풀어 가르친다면 아마 어리둥절했을 것이다. 가난을 벗어나고 병이 나을 수 있는 종교라면 무조건 믿을 사람들이었다. 미국 선교부는 병원을 세워 병자를 고치고, 학교를 세워 문맹을 퇴치하고 교회를 세워 무속신앙을 퇴치하기 시작했다. 훈련받은 신도라 할지라도 이런 '복음'을 합리적으로 이해해서 신앙이 생기는 게 아니다. 그들의 현실과는 너무 먼 낯선 문화권의 종교를 그것이 '복음'이라고 어떻게 믿는다는 말인가? 이런 신학적인 이론은 가르쳐서 기독교인이 되는 게 아니다. 아무리 교육 선교사라 할지라도 교리를 가르쳐서 기독교인이 되게 할 수는 없다. 기독교는 내 뜻대로 남을 변화시키는 것이 아니라 그리스도를 믿게 해서 스스로 그가 변하는 것을 보는 일이다. 그래서 한 교수는 한국에서 한국인을 이해하고 그리스도의 마음이 되어 사랑을 실천하다가 더는 그런 자신을 감당하지 못하고 떠나버린 것 같다.

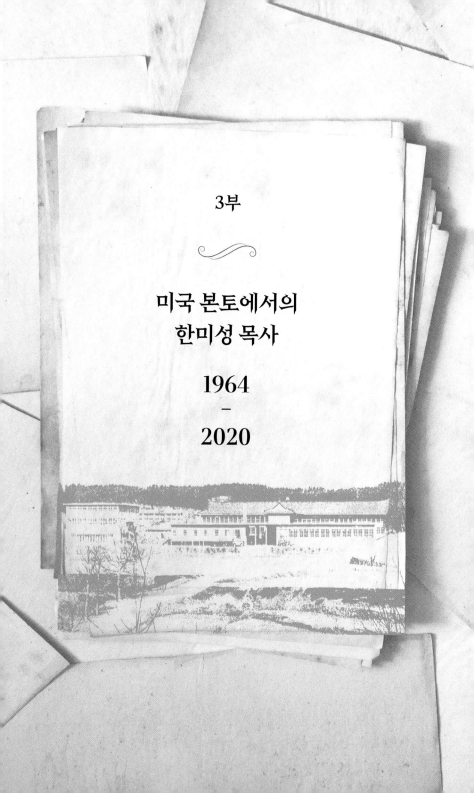

3부

미국 본토에서의
한미성 목사

1964
–
2020

암흑기를 지나 들려온 소식

나는 그가 떠난 뒤 27년 동안 그분의 소식을 전혀 듣지 못했다. 그분도 나를 떠난 뒤 아무 소식을 전해 주지 않았고 나도 평소에 존경하며 '나의 멘토'라고 했으면서 무심했다. 또 내가 그분을 도울 만한 어떤 방법도 없었다. 솔직히 말하면 나는 '이 세상이나 이 세상에 있는 것들을 사랑하느라' 정신이 없었다.

기전학교로 복직한 일, 동서문화교류센터(EWC) 해외연수, 대전대학 취직, 대전대학과 숭실대학의 통합에 따른 진통, 학위를 위한 미국 유학, 숭실대학과의 분리에 따른 진통, 자녀들의 미국 유학 준비, 장남, 장녀의 결혼 등 나는 정신이 없어 솔직히 한 교수를 30년 동안 잊고 있었다.

내가 처음으로 그분에 대한 소식을 풍문에 들은 것은 그분이 60이 다 되어 결혼했다는 것이었다. 나는 너무 놀랐다. 내가 그분을 모시고 있을 때 나도 왜 결혼을 하지 않느냐고 사실은 결혼 권고를 했다가 그분이 너무 화를 내서 얼마 동안 교제가 끊긴 적이 있었다. 그녀는 결혼에 대해 아주 과민했었다. 그런 분이 나이 60에 결혼했다니 놀라지 않을 수 없었다.

그동안 한 선교사가 어떻게 지냈는지 자세히 알 수는 없으나 1967년부터 1980년까지 Pfeiffer College, Misenheimer, NC에서 교수로 있었으며 여기서 마지막 2년은 학사 부학장으로 계셨다는 것은 후에 이메일로 확인했다. Chapel Hill에 있는 University of North Carolina에서 박사를 마친 것은 그동안이었다고 생각된다. 그러나 그녀는 목회의 꿈을 꺾지 않고 신학교도 나온 것 같다. 신학교를 마치자 교회 사역지를 찾던 중 미주리주에 있는 중앙장로교회(Central Presbyterian Church)에서 초빙을 받은 것 같다. 그러나 그곳에 가기 전 또는 그 교회에 있는 동안 가까운 테네시주의 King College에 출강하고 있었던 것이 분명하다. 왜냐면 한 교수가 입양한 임경석이 한국에서 고등학교를 마치자 1981년 1월 미국으로 갔었는데 한 교수가 출강하고 있던 테네시주에 있는 King College에서 한 학기 언어연수를 마쳤다고 말하고 있기 때문이다. 그리고 그는 어머니를 따라 St. Louis에서 대학에 다녔다고 하는데 그때 한 교수가 처음으로 교회에 발을 들여놓은 중앙장로교회 가까운 대학에 그를 입학시킨 것 같다. 1981년 가을부터 한 교수는 중앙장로교회에서 일하기 시작했는데 그 교회에서 목회자가 아니라 전도사처럼 교인들의 영적 성장과 양육을 책임지고 있었다고 한다. 3,000명 정도 모이는 큰 교회였는데, 그 교회 교인이었던 수지(Ms. Susie Smith)는 그때 그 교회 교인이었다.[10] 그녀의 증언에 의하면 한 교수는 교회에서 열심히 활동했으며, 1983년 6월 10일 조지아주 애틀랜타에서 미국 남장로교(PCUS)가 연합장로교(UPCUSA)와 통합해 미국 장로교(PCUSA)로 되었을 때 이 새 교단을 위한 새로운 예배지침서(new directory for worship)를 만드는 세 명의 저술팀의 한 분으로 일했다고 한다. 그러면서 수지는 한 교수의 마음은 오직 선교의 마음이었다고

---

10 Susie Smith, 1981년 세인트루이스의 중앙장로교회에서 한미성 교수를 처음 만난 후로 계속 중앙장로교회, 제일장로교회, 그리고 위스콘신에서 학원목회를 할 때 교회 일반 사무, 미술작업, 그래픽 작업, 타이핑으로 한 목사의 비서로 일했으며, 특히 한 목사의 남편 사별 후 동거하며 계속 Windstone, Pittsboro, NC의 한 목사 자택에서 그녀가 서거하기까지 돌보고 지냈다. 2020년 12월 19일에는 한 목사의 줌(Zoom) 추모예배를 진행했다.

말하며, 그녀는 교인들을 돌보고 그들이 성장하여 하나님께서 바랐던 사람이 되기를 바라고 있었다고 말했다. 그러나 한 교수는 5년도 채우기 전 이 교회를 그만두었다. 그것은 당시 그 교회에서는 여성은 목사가 되거나 장로가 될 수 없었다고 한다. 한 교수는 목사가 되어 어린애 세례도 주고 결혼 주례도 하고 싶었다. 그래서 그녀는 그 교회를 사임하고 1985년 시카고 정기 노회에서 목사 후보로 시험을 보게 되었다. 그때의 정황은 2009년 8월 7일에 열린 제3차 한남대 북미주 동문회 총회 때 발행한 4면 팸플릿의 3, 4면을 참조하는 게 좋을 것 같다. 당시 그 총회에서는 모교 교수들을 초청해서 그동안 대학에서의 노고에 감사한 감사패를 드렸는데, 그 자리에서 한미성 교수(Dr. Melicent Huneycutt-Vergeer, 영문), 박인성 교수(Dr. Clarence Prince, 화학), 서명숙 교수(Dr. Moneta Prince, 영문)에게 감사패를 전달했었다.

3, 4면은 '나와 한미성 교수'라는 제목으로 강형길 목사(대전대 2회 졸업생)가 쓰고 있는데 내용을 발췌하면 다음과 같다.

나와 한미성 교수

Melicent Huneycutt-Vergeer

— 강형길[11]

한미성 교수는 1955년 미국 남장로교 선교사로 전주에 오셔서 같은 해 전주에 있는 기전여고 교장으로 시무하셨다. 1958(1961?)년부터는 대전대학 영문과 교수로 대학생들을 가르치기 시작하셨다. 나는 1963년 군대에서 제대하고 복교하였는데 그때 한미성 교수는 영문과 교수로 재직하고 계셨다. 한 교수님은 대전대학에 계시면서 대전지역 UBF에서 영어로 성경을 가르치셨을 뿐 아니라 한 교수는 대전대학 학생들에게 열심히 영어를 가르치셨다. 나는 한미성 교수에게

제10대 북미주 동문회장 김광식 제공.

---

11 강형길/ 대전대학(현 한남대학교) 졸업, 댈러스 신학교 석사, 맥코믹신학교 박사/ 시카고 새 생명 교회 개척 목사(27년)/ 시카고 연합신학 학장(1980~1984), 맥코믹신학교 교수(1978~1996), 미 연합장로교 중서부 회장(1981~1983) 등 역임/ 저서에 설교집 『그 은혜가 내게 족하도다』 등이 있음.

영시를 배우게 되었다. 한미성 교수는 1964년 대전대학을 떠나 미국으로 돌아오셨다.

나는 1973년부터 미국연합장로교회 시카고노회 회원으로 있었다. 1985년 Chicago 정기 노회에서 목사 후보 Melicent Huneycutt이 노회에서 목사 후보로 시험을 보게 되었다. 그때 Huneycutt 목사 후보를 보고 한국에 선교사로 가신 적이 있느냐는 물음에 그렇다고 대답하셨다. 그후 대전대학에서 가르치셨느냐고 물었다. 이분이 바로 한미성 교수였다. 내가 대전대학을 졸업한 강형길이라고 말하였다. 나는 1963년에 본 후에 20여 년이 지났으니 오랜세월이 지났다. 나는 노회 회원으로 일어나서 "한미성 씨는 저의 영어 교수로 선교사로 계셨던 은사"라고 소개하고 목사 후보자가 치러야 하는 시험 종료를 치르지 않도록 하자는 의견을 발의(Motion)하여 시카고노회에서 절차를 거치지 않고 목사 후보로 안수받도록 하는 것을 허락받았다.

나는 한미성 교수의 목사 안수식에 참가하고 그 순서에 참여하였다. 한미성 교수는 그 후 Evanston 제일 장로교회에서 Associate Pastor로 1990년까지 있었다.

한미성 교수는 1985(1986?)년 늦은 나이에 처녀로 남편을 만나 결혼하였으며 그 결혼에 대해서 매우 감격하고 소중하다고 여러 차례 말하였는데, 아쉽게도 남편께서 먼저 소천하셔서 다시 혼자의 몸으로 교회를 돌보게 되었다.
......

나는 한 교수가 1986년에 목사 안수를 받았는데 바로
그 해에 또 어떻게 남편 존(John Vergeer)을 만나 결혼하게
되었는지 너무 궁금해서 수지 양에게 물었더니 다음과
같은 내용을 보내왔다.

한 교수는 에번스턴에 있는 제일장로교회(First Pres-
byterian Church, Evanston, IL)에서 1986년 1월 5일에 목사
안수를 받고 그곳에서 부목사로 시무했다. 그분은 그곳
에서도 제자훈련 그룹과 오순절 및 사순절 절기 프로그
램을 포함해서 어린이와 장년을 포함한 모든 교육 프로
그램을 총괄하는 부목사였다. 특히 레마(Rhema)라는 2년
간의 성경공부 과정도 만들어 가르쳤다(미국에는 오클라호
마에 2년에 걸친 Rhema Bible Training College가 있고 또 통신
과정도 있었다). 한 목사는 그렇게 앞서가는 분이었다.

남편감이 되는 존(John)은 제일장로교회의 아침 장년
성경공부반에 들어와 매 주일 공부했다. 그런데 한번
은 한 목사가 특히 특별했던 어느 날 저녁에 관해 수지
에게 이야기했는데, 그것은 어느 초가을에 존이 North
Western에 있는 예배당에서 열린 오르간 콘서트에 자기

를 초청했는데 마치고 예배당에서 나오니 저녁이 되었고 눈이 내리기 시작했다. 그런데 그 크고 폭신한 눈송이가 하늘에서 내려오는 모습이 아름다웠다고 꿈꾸듯이 말했다고 한다. 수지는 그때부터 한 목사가 존에게 마음을 연 게 아닌가 생각한다고 했다. 그들은 그해 12월 7일 주일 오전 예배 중에 결혼했다. 그때 그녀의 90이 넘은 어머니와 여동생 Margie가 North Carolina에서 왔었다고 한다(1,300km 떨어진 곳). 한 목사는 교회의 리셉션이 끝나고 그녀 가족도 자기가 거처하는 곳으로 떠난 뒤 교회에 찾아온 노숙자들을 챙겨서 집으로 초대해 음식을 대접했다고 한다.

한 목사의 자리는
선교와 교회였다

한 목사는 사업가 존(John)과 결혼하고도 그의 고향 집
(Holly Drive, Janesville, WI)에서 동거하며 신혼살림을 차
리지 않았다. 한 목사는 에번스턴의 제일장로교회에서
일하면서 일거리가 뜸할 때 두 시간 가까운 거리를 1990
년까지 운전해서 재인스빌을 오갔다. 1989년 5월에는
양자 임경석이 졸업하고 이를 축하하기 위해 그를 길
러준 형(임승렬)네 자녀들도 왔었다(누나 조경덕은 건강 관
계로 불참). 그녀가 무척 바쁠 때였다. 한 목사는 한국에
서 입양한 자녀들에게 최선을 디하고 그러는 사이 남편
이 사는 곳 위스콘신 대학가의 사역자(Madison Campus
Ministry) 지망을 해왔던 것 같다. 드디어 거기서 학원목
회를 허락받자 남편의 고향 위스콘신으로 옮겼다. 그

러나 그것도 그들의 동거를 말하는 것이 아니었다. 그
녀는 캠퍼스의 중앙에 있는 대학교회의 건물인 Pres
House(the Presbyterian House)에 살면서 매일 64km 정도
의 거리를 운전해서 또는 버스로 집까지 출·퇴근했다. 아
마 대학교회 건물에 입주하는 것이 계약 조건이었던 것
같다. 그래도 그녀는 그런 생활을 자기 평생 사명처럼 즐
겼던 것 같다고 수지는 말하고 있다. 한 목사는 학생들
을 좋아했으며 매 주일 저녁 예배를 드렸고 학생들이 자
기와 함께 사는 학생에게 리더로 봉사하는 동료 사역 프
로그램을 운영하고, 건물 지하에 카타콤 카페(Catacombs
Coffee House)를 만들어 캠퍼스 사역에 새 생명을 불어넣
기도 했다고 한다. 카타콤은 기독교인들이 로마제국의
박해를 피해 동굴에 살아서 동굴 무덤이라는 뜻도 있는
데, 이런 기발한 이름을 붙인 그녀는 정말 한 목사답다.
또 지하에는 밴드부가 연주도 할 수 있게 하고 새내기 학
생을 초청하기 위해 소위 〈Jars of Clay and Sixpence
Non the Richer〉 같은 텍사스주에서 유행해서 테네시주
에 정착한 미국의 록 밴드의 공연도 했다고 한다.

 1993년 나는 그런 아무 예비지식도 없이 한 목사를 방
문했다. 아마 한 목사와 이메일로 소통을 했겠지만, 지
금은 아무 기록도 가지고 있지 않다. 나는 어느 공항에

내려서 한 목사가 어떻게 나를 데려다주었으며 또 어떻게 보내 주었는지 전혀 기억이 없다. 어떻든 그해 9월 나는 한국에서 와이즈멘(Y'S MEN) 활동을 하던 친구 부부를 안내해서 미 서북부에 있는 옐로스톤 국립공원을 관광하고 아내와 친구 부부는 보스턴 공항으로 보내고 나는 위스콘신주에 살고 계시는 한 목사를 방문했었다. 아내는 하버드대학교 근처에 사는 큰아들 집으로, 그리고 친구 부부는 보스턴 근교의 딸이 거주하고 있는 곳으로 가고 싶어 했기 때문이다. 나는 오랜만에 한 목사를 만나 그 집에서 2박3일을 보내면서 훌륭한 대접을 받았다. 그때 한 목사는 학원목회를 하는 장소를 왜 나에게 보여 주고 소개하지 않았는지 알 수 없다. 그곳 방문기는 사진으로 대신할까 한다.

Holy Hill

National Shrine of Holy Hill은 성모 마리아를 기념하는 천주교 성당이다. 위스콘신 동서부에 높이 서 있는 성당으로 오래전에 만들어진 건물로 1931년 개수하고 2006년 리모델한뒤 국가 사적지로 등재되었다고 한다. 매년 방문객이 30만이 넘는다는데 한 시간 반쯤 운전해서 이곳을 보여 주었다.

University of Wisconsin도 구경시켜 주고 이곳저곳 거리 안내도 해 주었다. 한국 식당에서 점심 대접도 받았다.

거실에서 두 부부가 나란히 찍은 사진. 내가 신혼부부 집에서 너무 오래 머문 것이 아니었는지 모르겠다.

한미성의 고희(古稀) 잔치

나는 1993년 한미성 목사댁을 방문 후 이메일도 회복하고 자주 연락도 했다. 1995년 학원목회의 계약 기간도 끝나자 1996년 한 목사는 나이 70이 되어 고희를 맞았을 때 남편 존(John)과 함께 한국 방문을 하였다. 그때는 당

시 서울 남산에 있던 '타워 호텔'에서 2월 5일 재경 기전 여중·고 동창회가 모여 고희 축하를 해 드렸다. 그때의 사진을 이곳에 모아 몇 장면을 올린다. 퍽 행복해 보였고, 고희 축하를 잘해 드렸다고 생각한다. 그리고 10년 뒤 존은 세상을 떠났기 때문이다.

나는 미국에 유학을 다녀왔다는 이유로 또 그동안 한 목사와는 막역한 사이라는 이유로 영어를 잘하는 분들이 많이 왔지만, 한 목사는 자기가 말할 때는 통역을 해 달라고 해서 그리하였다.

재경 기전여중·고 동창회원과 당시 교사들. 앞에서 둘째 줄 좌로부터 강희기(수학), 이종헌(영어), 조세환 교장, 한미성 교장 내외. 그리고 앞줄과 뒤 두 줄은 졸업생들.

한미성 교장의 양자(한국에 계실 때 입양은 못 했지만), 임경석(Patrick Lim)과 그의 큰딸이 한미성 교장의 오른편에 그리고 그의 아내(채은경)가 한미성 교수의 남편 (Jhon Vergeer) 왼편에 서 있다.

조경덕 양녀의 남편인 임승렬과 그의 장손 임지호(우)와 멜리의 양자 임경석의 큰딸 임지수(좌).

마지막 만남

한미성 목사와의 마지막 만남은 2004년 10월 22일 노스캐롤라이나 Chapel Hill의 Hampton Inn에서였다. 미국의 내 아들 집(Gainesville)에서 당시 한 목사가 살고 있던 Chapel Hill까지는 차를 빌려서 가면 12시간이 더 걸리는 880km가 넘는 거리였다. 그러나 아내와 나는 여행하기를 좋아해서 늘 미국의 애들 집에 가면 차를 빌려 여행을 다니곤 했다. 직장에 있는 그들을 힘들게 하고 싶지 않아서였다. 당시는 '내비(Navigator)'가 없어 여행사 Triple A(AAA)에서 지도를 구해서 아내는 운전대 옆에 앉아, 길 안내를 하고 나는 운전하고 다니면서 음식점도 들르고 먼 거리였을 때는 호텔을 예약해서 하룻밤씩 자고 떠나기도 했다. 한 목사와 이메일도 주고받던 때여서 만나고 싶다고 연락을 했더니 완벽한 날(perfect day)이라면서 그러나 자기 집이 수리 중이어서 Hampton Inn으로 예약해 둘 터이니 거기서 만나자는 것이었다.

한 목사는 1999년 남편 존과 함께 자기 노모를 돌보기 위해 Windstone, Pittsboro, NC로 집을 사서 옮기고 거기서 교회 사역지를 찾고 있었는데 한 130km쯤 떨어진 시골교회(Unity Presbyterian Church, Newton Grove, NC)에서 목사로 초청해 주어서 그곳 목사 사택에서 기거하고 있을 때였다. 주일 밤부터 화요일만 남편과 함께 지내고 나머지 날(수요일~주일 오후)은 교회 사택에서 지냈다는 걸 수지에게서 최근 알게 되었다. 그러나 내가 한 목사를 만나자고 한 10월 22일은 금요일이었다. 그런데 왜 그날은 괜찮다고 말해 주었는지 모르겠다. 멀리서 오랜만에 온다는데 어떻게든 만나야겠다고 생각한 모양이었다. 그때 그러지 않았다면 나는 영영 이 세상에서는 그녀를 못만날 뻔했다.

가는 김에 Black Mountain, NC의 서의필 박사도 만나보려고 그분에게도 이메일을 보냈는데 그는 약속이 잡혀 만날 수 없다는 대답이었다. 사모님인 서진주(Virginia Bell) 여사만이라도 만나고 떠날 생각으로 출발했다. 그때도 우리는 한식집에서 푸짐한 점심 대접을 잘 받았다.

Hampton Inn을 예약해 주고 점심 대접을 해 준 한 목사 내외.

두 분 다 건강해 보였는데 2년 뒤에 남편이 세상을 떠날 것은 생각하지도 못했다. 인생은 무상한 것이다. 한 목사도 어찌 그 생각을 할 수 있었겠는가? 알았다면 교회 사역을 그만두지 않았을까? 다만 주님을 섬겨야 한다는 사명감으로 그때는 그렇게 떨어져 살았다고 생각한다. 한 목사는 고희 잔치를 끝내고 미국으로 돌아와서도 그들이 살고 있던 제인스빌의 Community College에서 영어 교사를 하며 틈틈이 작은 애스베리 감리교회(Asbury Methodist Church)를 섬기고 있었다고 수지는 말했다. 한 목사는 당시 여기저기 사역지를 찾다가 120명쯤 모이는 작은 교회에서 초청을 받자 노모도 모실 겸 North Carolina로 옮겨 온 것이 아닌가 생각한다. 그녀의 일생은 치밀하게 계획하고 기도하고 결과에 순종하고 사는 삶이었다. 한 목사는 그 교회(Unity Church)에 만족한 것 같았다. 우리가 만났을 때 한국의 기전여고 교장 시절 제자였던 류난순 선생이 NC로 옮겨와서 살고 있었는데, 그들 부부가 교회에 와서 특송도 해 주었다고 기뻐했었다. 나는 얼마 안 되는 돈을 교회에 헌금하겠다고 드리고 왔는데 그 뒤 그 교회에서는 그 돈을 중국에 보낸 선교사를 위해 쓰기로 했다고 감사 편지를 보내왔다. 그때 나에게 그녀가 쓴 찬송 시를 한국어로 번역해 달라고 부탁한 일이 있었는데 내가 그녀가 쓴 난해한 부분을 쉽게 풀어 달라고 부탁했더니 그 부분도 풀이해 보내 주었다. 그 시는 그녀의 친구인 Joy Paterson이 그녀가 쓴 시에 곡을 달아 그가 출판한 찬송가집에 넣어 출판한 것이기에 저작권이 걸려 있는 것인데 특별히 허락을 받아 재인쇄할 수 있게 해 준 것이라며 나에게 한국어로 번역해 주었으면 좋겠다고 부탁한 것이었다. 그녀는 내가 영어를 우리말로 잘 풀어쓰는 기술이 있다는 칭찬을 마지않았다. 그러나 나는 영어의 번역뿐 아니라 그것을 찬송가가 되게 배열하는 것은 자신이 없었다. 그러나 최선을 다해 번역하고 그것을 그녀에게 보내며 영어를 잘하는 한국인에게 자기 원래의 영시는 보여 주지 말고 내가 번역한 한국 시를 영어로 번역해 달라고 해서 얼마나 쓸모 있고 비슷하게 번역되었는지 알아보라고 보낸 적이 있다. 내가 보낸 글을 그대로 옮긴다. 내가 말하고 싶은 것은 한 목사가 얼마나 다양한 재능으로 주를 섬기는 사명을 다하려 바쁜 나날을 보내고 있었는가를 보여 주기 위해서다.

HYMN CELEBRATING THE HOLY SPIRIT

Rushing like a mighty wind,
uprooting all that cannot stand,
the Spirit thunders through the earth,
sweeping out disease and sin,
injustice, want, and barren land,
and into dry bones breathing birth.

Flaming up like tongues of fire
and shouting resurrection power,
the Spirit surges through our souls,

purging, warming, to inspire

our hearts in sacrifice to flare

with love Your burning love controls.

Pinioned like an eagle-dove

above our safe and lazy nests,

O Spirit, thrust us forth to soar,

bear the wounded to Your love,

and gather exiles to Your breast,

at home in Christ forevermore.

— *by Melicent Huneycutt-Vergeer*

성령을 찬양하는 찬송

성령의 바람이여

주께 거역하는 불의를 뽑으소서

지상에 우뢰를 발하사

질병과 죄를 멸하소서

불의와 결핍과 척박한 땅에서

마른 뼈를 명하사 소생하게 하소서

불의 혀처럼 타올라
부활의 능력으로 외치며
성령이여 우리 영혼을 통해 솟아오르소서
정화하며, 따뜻게 하며, 영감을 주셔서
불타는 사랑의 지배로
우리 심령이 희생으로 타오르게 하소서

우리를 안전하고 게으른 둥지를 떠나
독수리와 비둘기의 날개를 가진
오 성령이여 우리를 높이 솟아오르게 하소서

— 한미성 목사 작사

　한 목사와 헤어진 뒤, 우리는 서진주 사모를 만나고 Smoky Mountain 주립공원을 들러 중도에 하룻밤을 자고 South Carolina의 대전대학 수학과 과장이었던 Cameron 교수댁을 방문하였다. 그분은 나와 가장 많이 이메일을 주고받았던 분이다. 그런데 자꾸 컴퓨터에 문제가 생겨 새로 고치고 이메일 주소를 바꾸곤 해서 늘 불

자기가 이메일 주소를 자주 바뀌게 된 게 미안해서 권총으로 컴퓨터를 쏘아버리는 이런 사진을 보냈다고 생각한다.

평하던 분이기도 하다. 그런데 내가 방문한다니 너무 기뻐하였다. 매우 다감하고 흥분을 잘하는 분으로 한번은 나에게 컴퓨터를 권총으로 박살 내고 싶다고 한 사진을 보내기도 했었다. 나는 홀로 사는 그분 집에 가서 대접도 받고 거리 구경도 시켜주며 하룻밤을 재워 주었던 기록을 외도하는 셈 치고 여기 올린다. 한미성 교수를 아는 동문은 그분도 잘 알 것이기 때문이다.

한 목사의 마지막 소식

시골교회를 오가며 남편과 살고 있던 한 목사는 남편이 대장암으로 병원 치료를 받게 되자 2005년 12월에 시골교회(Unity Presbyterian Church)를 사임하고 병간호에 전념하게 되었다. 그 황망 중에 2006년 2월 양자, 양녀 가족 전체가 방문했으니 힘들었으리라는 생각을 한다. 남편은 2006년 10월 19일 드디어 대장암으로 사망하게 되었다. 남편의 사망이 얼마나 큰 충격이었는지 1주일 뒤에는 한 목사가 심장마비로 쓰러졌다고 한다. 병명은 상심증후군 심장마비(a broken heart syndrome heart attack)였다고 한다. 큰 집에 아무도 도와줄 사람이 없자 수지 여사가 그때부터 입주하여, 한 목사가 세상을 뜨기까지 동거했다. 건강이 회복되자 다시 월별 장로교 여성 성경공부(a monthly Presbyterian Women's Bible Study)를 인도했다고 한다.

그동안 이메일을 주고받다가 2016년 1월 말 내가 간증집 『일상에서 만나는 예수님』이라는 책을 출판하고, 이 책에는 한 목사의 이야기도 썼으니 보내 주겠다고 했더니 바로 회신이 왔다.

'다시 소식을 듣게 되어 얼마나 기쁜지! 부디 부인과 가족들의 소식, 그리고 자신의 소식도 알려 주어요. 나는 오 선생이 계속해서 작가로서 활동하는 게 기쁩니다. 새로 출판한 책을 빨리 보고 싶어요. 편지에 알려준 내 주소는 그대로입니다. 한국인 친구들의 기도에 감사합니다. 나는 건강합니다.'

내가 그렇게 속히 답해 주어서 고맙다고 말하며 여러 번 소식을 전해도 답이 없어 이메일 주소가 잘못되었나 하고 걱정했다고 말했다. 내 아내는 지난해 1월 빙판에 넘어져 수술을 받았는데 괜찮아졌다는 소식을 전하며 사진도 몇 장 보냈더니 또 바로 소식이 왔다.

'다시 소식을 받게 되어 반가워요. 사진과 새로운 소식 감사하며 특히 외손녀들 사진이 좋았습니다. 애들과 엄마가 귀여웠어요. 부인이 다쳤다니 걱정됩니다. 기도 속에

기억하겠습니다. 앞으로 시간을 내어 여기에서의 나의 생활도 적어 보내겠습니다.'

2017년에는 아내가 넘어져 대퇴골 수술로 9월 5일부터 10월 28일까지 병원 입원, 일반병실에서 재활운동 등으로 나는 집에서 매일 병원으로 출퇴근 간호하느라 정신이 없어 한 목사와는 이메일을 주고받지 못했다. 그래 2018년에 정신이 들어 한 목사를 생각하고 이메일을 보냈는데 아무 소식이 없었다. 너무 궁금해서 그녀의 제자로 한남대학에서 다년간 전임 강사로 있다가 귀국한 Dr. Charles Hill에게 이메일을 보냈더니 10월 30일 소식이 왔다. 자기는 어머니와 여동생이 지금도 North Carolina 에 살고 있지만, 그곳을 떠난 지 오래되었고 지금은 하와이에서 한 20년 고향처럼 살고 있다고 말했다. 그러나 지금도 적어도 한 달에 한 번은 한 목사님과 통화하는데 지난 밤에도 그녀와 전화를 했다고 말하며, 그때 한 목사는 자기는 92세의 할머니지만 잘 지내고 있다고 말하며 나와 통화하기를 바란다고 말했다고 했다. 그러면서 Dr. Hill은 한 목사의 전화번호를 주며 저녁때부터 밤 중 12시까지(Eastern Time)는 언제든지 통화할 수 있다고 알려주었다. 그러나 나는 쉽게 전화하지 못했다. 오히려 이메일이 편했다. 영어로 통화할 때는 늘 내 약한 영어 실력 때문에 시원하지 못했다. 그러다가 11월에는 댈러스에서 가깝게 지내던 Dr. Prince가 소천했다. 그래서 한동안 미주 동문회, 댈러스 동문회 등 연락하느라 이메일이 분주했다. 한 목사는 내게 예수를 영접하게 하고, 내 삶의 가치관을 바꾸어 놓은 분, 내 평생의 멘토라고 하면서도 그렇게 잊고 살 수도 있다는 것을 깨닫고 놀랐다.

2020년 10월 말 나는 놀라운 이메일을 받았다. 발신인은 한미성 목사였는데 Susie Smith라는 여자분이 보낸 것이었다. 한미성 목사가 지난 10월 21일 소천했다는 기절할 뻔한 소식이었다. 수지는 내가 평소 한 목사와 이메일로 늘 소통하고 있어 나에게 그 소식을 알리고 싶었던 것 같다. 나는 정신이 혼란해지고 가슴이 아렸다. 2018년 10월 30일 Dr. Hill의 편지가 생각났기 때문이다. 그 뒤부터 한 목사는 밤 중이면 얼마나 내 전화를 기다렸을까 하는 생각이 떠올랐다. 1967년 내가 하와이의 EWC에서 공부하고 1년 뒤 수학·과학 교사 양성 과정을 마친 그룹은 귀국할 때 교사들에게 미국 본토를 보여 주어야 하는 과정이 있었다. 일주일간 미 서부를 돌고 해산시켜서 각자 호스트 패밀리를 찾아 지내도록 했는데 나는 그때 콜로라도에서 2박 3일을 지낸 일이 있다. 그 뒤 나는 한 교수를 만나겠다고 이메일을 미리 보낸 일이 있었는데 그때 그녀가 Pfeiffer College에 있을 때였다. 그런데 나는 일정을 바꾸어 뉴욕을 들렀다가 하와이로 돌아와 버렸다. North Carolina를 어떻게 찾아가야 할지 막막했고 또 미국 본토에 왔으면 그래도 뉴욕을 보고 가야겠다는 속된 생각이 더 컸기 때문이다. 그때는 돈도 없어 뉴욕에서 싸구려 숙소를 찾느라고 YMCA에서 운영하는 슬럼가 호텔에 들어가 힘들었던 것 같다. 그런데 그때 한 교수는 자기 학생들에게 나를 소개하겠다고 알리고 무척 기다렸다는 서운한 편지를 보내온 일이 있다. 나는 그렇게 그녀를 배신하고 세상을 떠나보내서 너무 가슴이 아렸다. 그렇게 가슴 아프게 한 분이었는데 이제는 코로나로 미국에 갈 수도 없고 해서 수지에게 한국에서처럼 조위금을 보내겠다고 정확한 주소를 알려 달라고 했다. 그래서 미국의 아들을 통해 $300.00을 보냈는데 수지는 고맙다면서 그것으로 장례식 때 꽃장식을 하든지 한 목사가 남편이 돌아가셨을 때 산 것과 비슷한 예쁜 유골함을 사든지 하겠다고 했다. 나는 그때 수지가 한 목사댁에서 남편이 돌아가신 뒤 처음으로 동거하고 지낸 것을 알게 되었다. 나는 또 2018년 댈러스에서 한남대학의 수·물과 과장으로 계시던 Prince 박사가 돌아가신 때의 경험을 살려 만일 장례식장에 고인의 옛날 사진들이 필요하면 보내겠다고도 했다.

2020년 12월 19일 수지는 한 목사의 가상 추모예배 초대장을 보내왔다. 이 초대장은 평소 한 목사와 이메일을 주고받던 친구들에게 모두 보낸 것 같았다. 발신인은 한 목사였고 내용은 수지(Susie Smith)가 쓴 것이었다. 제목은 '12월에 인사드립니다'였다.

'Meli(Melicent Huneycutt; 한 목사의 애칭)는 많은 사람에게 가르침으로, 목회로, 멘토로, 인도함으로, 사랑으로, 그리고 여러 면에서 '어머니 역할'로 감동을 주었습니다. 이제 Meli의 죽음을 추모하기 위해 당신을 줌(Zoom) 추모예배에 초대합니다.'

그러면서 줌 화상 모임은 2020년 12월 19일 10시(미국 동부시간)라고 알려 왔다. 자기 어머니는 104살까지 사셨고 자기도 92세의 할머니인데 건강하다고 Dr. Hill에게 말했던 분이 그렇게 쉽게 무너지리라고 어떻게 생각할 수 있겠는가?

그때부터 수지(Susie Smith)와의 연락은 계속되었고 미국 내에서의 Meli의 생활은 의심이 날 때마다 물어 알게 되었다. 사실 미국에서의 Meli의 삶은 다 수지를 통해 알게 된 것이다. 나는 여기서 발을 동동 구를 뿐 무엇을 할수 있겠는가? 그분은 정말 나를 사랑하고 아끼던 누나같은 분이었다. 수지는 지방신문에 실린 한 목사의 부고 사본을 보내왔다.

Melicent Huneycutt-Vergeer는 2020년 10월 21일 수요일 피츠보로에 있는 자택에서 평화롭게 세상을 떠났습니다. Meli는 William Jerome 목사와 Jessie Sims Huneycutt의 장녀였습니다. 그녀는 남편 John Vergeer를 먼저 보내고 Pittsboro의 그녀의 동생 Jerome Huneycutt, 누이, Greensboro의 Carolyn Basham 및 Pittsboro의 Margie Huneycutt는 생존해 계십니다.

Meli의 삶은 봉사의 삶이었습니다. 그녀는 한국에서 10년 동안 전주 기전여학교와 대전기독교대학에서 장로교 선교사로 봉사했습니다. 그 후 그녀는 UNC-Chapel Hill에서 박사 학위를 받기 위해 노스캐롤라이나로 돌아왔습니다. 그녀는 Pfeiffer College와 King College를 포함한 다양한 대학에서 가르쳤고, 그 후 하나님께서 그녀를 전임 교회 사역으로 부르시는 것을 받들었습니다. 그녀는 세인트루이스 중앙장로교회의 영적 성장 및 양육 책임자가 되었습니다. Meli는 미국 장로교의 예배 모범(1980년대 버전)을 작성한 3인 집필 팀에서 봉사했습니다. Meli는 계속해서 미국 장로교에서 안수받은 말씀과 성례전의 목사가 되었습니다. 그녀의 목사직 기간에는 일리노이주 에번스턴에 있는 제일장로교회, 위스콘신주 매디슨에 있는 매디슨 캠퍼스 사역, 노스캐롤라이나주 뉴턴 그로브에 있는 유니티 장로교회에서 섬기는 일이 포함됩니다.

Meli의 강점은 자신의 성경 가르침을 통해 성경이 사람들의 삶에서 생생하게 살아나게 하는 데 있었습니다. 수년 동안 그녀는 사람들의 삶에 새로운 성장을 싹트게 하는 하나님 말씀의 씨앗을 심는 많은 콘퍼런스, 수련회 및 워크숍에서 연설하도록 요청받았습니다. Meli는 현재 전 세계에 흩어져 있는 다른 사람들에 대한 사랑을 통해 사신의 신앙을 실천했습니다. 그녀는 부름을 받는 곳마다 '자기 자녀'를 양육하고 격려하며 사랑했습니다.

Meli의 삶을 기념하기 위한 Zoom 스타일 추모식이 올해 말에 열릴 예정입니다. 그녀의 유골은 부모의 무덤 근처에 앞으로 전염병이 가라앉으면 가족과 지인들이 모인 가운데 안치될 것입니다.

2020년 11월 2일 수지가 보내온 이메일에 의하면 Meli

는 6월에 검진을 받았는데 산소 수치가 1월보다 아주 낮았다고 한다. 몇 가지 검사에서 심장에서 폐로 통하는 혈관에 혈전이 생겨 폐고혈압 징조가 보였다고 했다. Meli는 2월 초에 며칠 동안 숨쉬기가 힘들다고 했는데 혹 그때 그녀는 코로나에 감염되지 않았는지 의심한다고 수지는 말했다. 아마 그 당시 코로나가 있었는지도 모른다고 말했다. 그러나 그녀는 병이 호전되지 않고 9월 중순에는 코에 튜브를 끼고 산소 공급을 받고 있었는데 입원해 있는 동안 10월 21일 아침 병실에 들어가 보았더니 튜브를 빼낸 상태에서 미동도 하지 않았다고 한다. 그녀는 10시 반쯤 숨졌다. 시체는 화장했는데 유골함도 아직 준비하지 못했다고 했다. Meli는 남편이 죽었을 때 그녀가 그를 위해 예쁜 유골함을 샀던 것이 생각나서 자기도 그런 예쁜 것을 원하고 있는지 모르겠다고 생각만 하고 아직 준비하지 못했다고 했다. 나는 바로 미국에 사는 아들을 통해 $300.00만 수표로 수지에게 보내 달라고 부탁했다. 내가 할 수 있는 일은 그것밖에 없었기 때문이다. 그리고 그녀에게 편지했다. 유골함을 사든 장례식장에 꽃장식을 하든 알아서 해 달라고 부탁했다. 그리고 2018년 11월 18일에 돌아가신 한남대학교의 Dr. Prince의 장례식장을 생각하며 혹 Meli의 생존 시 찍은 사진이 필요하면 보내 주겠다고 했다. 수지는 후에 수표 잘 받았다는 답장과 함께 코로나 유행으로 12월 중 줌 추모식을 하게 되면 연락해 주겠다고 했다. 드디어 12월 15일 이메일이 왔다. 발송자는 한미성 목사였고 내용은 수지가 보낸 것이었다. 아마 평소에 한 목사와 이메일 통신을 하고 있던 사람들에게 보낸 듯했다. 제목은 '이 12월에 보내는 인사'였다.

'저는 멜리가 10월 21일 돌아가셨음을 알려 드립니다. 벌써 이 소식을 친지들에게서 들었을지도 모릅니다. 멜리는 많은 사람에게 가르침으로, 조언으로, 인도함으로, 사랑으로 … 그리고 여러 가지 면에서 '어머니 역할'로 많은 사람에게 감동을 줬습니다. 이제 여러분을 메리의 일생을 추모하기 위해 줌(Zoom) 추모예배에 초대합니다.

12월 19일 토요일 오전 10:00시(미국 동부시간)
  예배는 10:00시에 시작하고 끝나면 10분 휴식 후 계속해서 추억, 생각, 기쁨 등을 나누는 시간을 갖겠습니다. 친족과 친구들이 참여하는 멜리의 유골 안장식은 유행병이 종식되어 여행과 집회가 허용되면 그녀 가족이 안장된 Stanly County, NC에서 거행될 것입니다.'

나는 이제 멜리의 줌 추모식의 사진들을 올리며『나를 거듭나게 하신 한미성(韓美聲, Melicent Huneycutt-Vergeer) 선교사』를 끝낼까 한다. 추모식 때 설교한 Lynn Stall 목사의 설교내용을 요약한다.

높음이나 깊음이나 다른 어떤 피조물이라도 우리를 우리 주 그리스도 예수 안에 있는 하나님의 사랑에서 끊을 수 없으리라. (롬 8:39)

모세는 이스라엘 백성으로 태어났으나 갈대 상자 안에 담겨 나일강에 버려진 것을 애굽의 공주가 주워서 왕자로 자랐습니다. 그러나 장성하여 건설 현장에서 일하는 자기 백성을 도와 애굽인을 죽인 것 때문에 광야로 쫓겨나 양을 치고 있었습니다. 80세 때 떨기나무 가운데서 하나님이 모세를 부르시고 애굽 왕실로 보내어 많은 이적으로 60만 백성을 광야로 데리고 나왔습니다. 모세는 그들을 하나님이 약속하신 가나안 땅으로 인도하기 위해 많은 수고를 했습니다. 그러나 나이 120에 하나님은 모세를 여호와께서 여리고 맞은 편 비스가 산에 부르사 아브라함과 이삭, 야곱과 그 후손에게 주리라 한 땅을 보이시며 자기는 그 땅에 들어가지 못하고 죽으리라고 하셨습니다. 그는 가나안

Rev. Dr. Linn Stall 목사

땅을 바라보기만 하고 죽었습니다. 그가 죽자 이스라엘 백성은 30일을 애곡했습니다.

이제 멜리에 대해 이야기할 특권을 주심을 감사합니다. 그녀는 얼마나 우리를 감동하게 했습니까? 얼마나 위대한 업적을 남겼습니까? 얼마나 엄청난 재능을 가지고 있었습니까? 뛰어난 학생으로, 학자로, 기독교 교육자로, 교장으로, 선교사로, 목사로, 학원 목회자로, 시인으로 그녀의 성취는 말할 수 없습니다. 그녀는 인내심을 가진 경청자로, 사랑의 권면자로, 영감을 주는 교사로 우리를 주 앞에 인도하는 지도자였습니다. 그런데 가장 슬픈 것은 그녀가 이제는 우리 곁에 없다는 것입니다. 모세처럼 120세는 안 되었지만 93세(2개월 부족한 94세)의 나이로 주님의 부르심을 충성스럽게 받아들였습니다. 모세가 죽을 때 그는 말하자면 횃불을 후계자 여호수아에게 인도한 것처럼 멜리는 씨앗을 우리에게 심어주었습니다. 그녀를 잃은 슬픔 때문에 우리는 애곡할 수밖에 없습니다. 그러나 그녀가 우리에게 전해 준 씨앗을 받고 앞을 바라보아야 합니다. 이것은 정의, 아름다움, 평화의 씨앗입니다. 우리는 물려받은 씨앗을 뿌리며 하루도 빠짐없이 그들을 예수 그리스도로 인도하는 삶을 살아야 합니다.

다음은 줌 추모 사진이다.

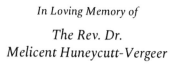

In Loving Memory of
The Rev. Dr.
Melicent Huneycutt-Vergeer

December 23, 1926 - October 21, 2020

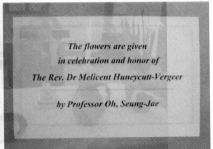

추모예배 장소는 교회였다. 수지의 교회인 것 같다. 제단에 꽃장식이 있었는데 그중에서 몇 개만 뽑았다.

줌 가상 추모예배 사회자.
Ms. Susie Smith.

줌 공동 사회자, Dr. Charles Hill, 한국 한남대학교에서 다년간 강사로 있었다. 멜리의 애제자.

멜리가 한국에서 입양한 양녀 조경덕과 양자 임경석.　　필자 오승재.

Dr. Doug Murray, 한미성 교수가 계셨던 Pfeiffer College 졸업생, UNC-Chapel Hill에서 박사 학위.

한남대학교 총장 이광섭. 멜리에게 배우고 셰익스피어의 〈한여름 밤의 꿈〉에 출연한 박화자 박사.

나는 멜리에게 더없는 사랑을 받고 하나님 은혜 아래 거듭난 삶을 살며 주와 동행하고 있는 하늘나라의 기쁨을 누리고 있다. 그런데 나는 일생의 멘토에게 받은 귀한 씨앗을 누구에게 심고 있는지 돌아봐진다. 또 그 씨앗을 받은 자가 문을 열고 주님을 영접해서 주와 동행하며 이제는 세상에 나아가 눈에 보이는 게 아니라 눈에 보이지 않은 영원한 진리를 바라보고 바르게 생각하고, 바르게 사는 주님의 제자를 양육하고 있는지 돌아보는 것이 부끄러울 뿐이다.

〈추억, 생각을 나누는 시간〉에 멜리에게 보낸 박화자(지금은 남편의 성을 따라 방화자) 박사의 추모사를 이곳에 싣는다.

한미성 박사의 추모

우리는 오늘 Mellicent Huneycutt-Vergeer 박사의 교인들, 가족, 친구들, 그분의 제자들이 함께 그분을 추모하고 평소에 그분에 대한 우리 모두의 높은 존경심을 보여 주기 위해 여기에 모였습니다.

저는 그분이 돌아가셨다는 소식을 들었을 때 자주 연락하지 못한 게 아쉽고 안타깝습니다. 우리의 유일한 위로는 우리가 수년 동안 그분을 알아 온 특권을 누렸다는 사실입니다. 잊을 수 없는 그분에 대한 우리 모두의 추억이 지금은 위로의 원천입니다. 또한, 이 모임의 자리에서 저는 그분의 뛰어난 헌신적인 교육자의 모범을 말씀드릴 수 있어 감사합니다. 그분은 앞으로 우리가 어떻게 살아가야 할 것인지를 잘 가르쳐주시고 가셨습니다.

저는 그분을 거의 65년 동안 알고 지냈습니다. 그분은 제가 기전여자중학교에 재학 중이던 1955년에 우리 학교에 교장으로 부임했습니다. 당시 한국은 1950년의 한국전쟁 여파로 여전히 황량한 때였습니다.

Melicent Huneycutt 박사를 생각할 때 내 마음은 아직도 많은 선명한 이미지로 가득 차 있습니다. 학생회 학교 리더로서 우리는 새 교장댁을 방문하여 크리스마스 캐럴을 부르기로 계획했었는데 새벽부터 성탄절 캐럴을 부르러 온 방문객들에게 옷을 갈아입고 밖으로 나와 환영해 준 그녀의 손. 그 기억은 마치 어제 일인 것처럼, 또 크리스마스 카드에서 본 것처럼 내 마음속에 남아 있었습니다.

제가 대전대학교(현 한남대학교)에서 영어를 전공하던 시절, 그분은 1학년부터 4학년까지 영어과의 학장이자 우리의 영어 교수였습니다. 졸업 연극 발표회에서는 우리 반 학생들이 출연하는 윌리엄 셰익스피어의 코믹 판타지 〈한여름 밤의 꿈〉을 공연하기도 했습니다. 우리는, 학생들은 물론 일반 대중에게도 우리의 공연을 선보이기 위해 대전시민회관에서 공연했습니다. 그게 내 인생에서 '허미아'라는 이름으로 무대에 선 처음이자 마지막 경험이었습니다. 무대 매니저, 감독, 프로듀서로서 그분의 활력과 열정, 헌신을 기억합니다. 나는 또한 그분이 나의 현 직업적 성장에도 큰 영향을 미친 것을 깨닫고 지금도 깊이 감사합니다. 저는 아직도 그분을 남다른 따뜻함과 지혜의 훌륭한 모델로 기억하며 대학에서 가르치고 있습니다.

2009년 시카고에서 미국 한남동문회 초청으로 그분을 선교사, 목회자, 교육자로서 뛰어난 업적을 기리고 표창할 기회가 있었는데 그때 저는 그분을 만났습니다. 우리, 모두는 그분처럼 살아야겠다는 영감을 받았습니다. 그분은 우리의 기억과 마음, 직장에서 계속 살아 계실 것입니다.

이제 우리 차례입니다. 우리도 그분처럼 여러모로 다른 사람들을 돕기 위해 노력하며 살겠다는 서약을 그분에게 할 때입니다. 그것이야말로 Melicent Huneycutt-Vergeer 박사가 살아 있는 우리에게 바라는 것이 아닐까요?

상실과 슬픔의 어려운 시기에 우리의 깊은 애도와 기도가 여러분 모두에게 함께 하시기를 기원합니다.

내가 그의 애제자 Charls Hill에게 'Memoir of Meli'를 부탁했더니 그 글과 함께 2024년 6월 20일에 Meli에게 바치는 헌시(獻詩)를 써서 보내와서 여기에 올린다.

Robin and Cardinal Nesting Site[12]

(Picking up Meli's Mantle)

한미성님께

She sits across from me in the grass on the student
common at
UW-Madison
we are early or the bus is late, suddenly we face
each other,
and
waiting for the bus,
we have a short space of time free from work & no
place we have to be
other than together.

---

12 길고 은유적인 난해한 산문시인데 그와 멜리는 지빠귀와 홍관조새(Robin and
    Cardinal)가 한 둥지에서 노래하듯 함께 지냈던 순간을 회상하며 쓴 격정적인
    시 같다. 또한 엘리사가 엘리야의 겉옷을 받아가듯 자기도 멜리의 옷자락을 갖
    고 싶다는 간절한 마음으로 쓴 시 같아 여기에 올리지 않을 수 없다.

And we thought to bring piping hot cups of coffee
along for the walk to the bus stop.
Not enough time to return to the Pres House office.
And the day is so unseasonably warm and invites us
to sit.
We sit. Obedient to the elements.
I see the light play in her red hair
and her eyes are dancing.

We talk of how strange and wonderful life can be,
friendships formed to never ever end.
And then she remarks
"we were born out of our century."
Renaissance woman
Renaissance man

Humans believing in the greater arts,
the powerful words of poems, songs,
and promises to keep
and the strut of splendor in an actor's Shakespearean
muscle,

we

ponder and wonder at words like

the

robin's nest, Cardinal's crimson rose colored head.
Song of the lark.

the ever-present sentient nightingale keening and
crying in Korean,

"*kwi-chok-do*" woon da woon da, kwi chok-do woon
da!

귀촉도 귀촉도운다

Some things between us are settled as a firm
foundation.

We never ever want to be dead to
beauty, goodness, and truth.

Before the clock tower bell intones the hour
Then and there without a sound Zeus and Hermes
and Hermione and Athena swoop down with feathery

chests, they scoop us up in their arms

and they start to dance in a circle spiraling up into the

heavens,

inviting us to come with them and Apollo and Dante

to adore Christ the Lord,

sing with choirs of angels*,

share Easter communion, enjoy the endless afternoon

of

a resurrection,

life death rebirth,

the return,

redemption's story,

final glory.

Then at the end finally is a new Heaven and new
Earth, every tear wiped away, every day and every night
made new in the city of warm light shining from within
where we promise to live without pain and do no harm.

It is a vision disarmingly true.

And still turning like twin tops in reverse we descend lightly and slowly then gingerly as if by instinct back to our feet;

we pause and look up effortlessly at the same clock with hands that haven't moved an inch.

Where were we?

Sharing the view down the lines of the whole world puppeting around us we talk quietly of how much love has shaped our journey.

We hear the air brakes hiss, no time left even for a holy kiss.

Her bus is departing and we touch each other's outstretched hand
   and the sun plays stronger than ever in her strawberry strands of blonde,
   and my brown bearded chin itches to be ever closer,

and to always feel what I think she feels

awakened in us from the very beginning,

a simple thing,

an eternal thing.

We put our arms around each other quickly and the bustling world momentarily hushes out around us.

The bus waits idling. The driver knows her. A flicker of light captured in the wind crosses her face. The smallest shadow of someone we miss. An empty chair at the table.

Our Blood-Stained Champion.

"Thank you, Charles, for this time. See you tomorrow."

"I love you, Meli."

"I love you, too."

I watch her go away on a bus like I've watched her go
away all my life knowing she'll return.

We know who the Beloved is.
We are our Beloved's and our Beloved is ours.

Less than a half an hour we sat in the sunlight looking
into each other's eyes,
the time it takes in Heaven for silence to fall before
the last battle;
less than half an hour we sat in the sunlight,
sipping our paper cups of coffee; emptied, we must
recycle them, drink from them again
washed like we are in the grace and peace and joy and
comfort of being real.
Seated now, the doors close, air brakes hiss their
release, the engine purring, the chariot revs up the scale.
"Big wheels keep on turning, 'Proud Mary'[13] keeps on

---

13 이 제목은 미국의 록밴드 가수 John Fogerty가 작사 작곡한 노래로 Rock &
Roll의 여왕이라고 불리는 Tina Turner가 편곡해서 부름으로써 유명해졌다고

burning."

I wave to you inside and you wave to me outside.

That face. That same face.

Forever like this,

always a poem waiting to be born,

in your eyes

in your smile.

in your spirit of joyful acceptance of the road given

in the long, long ago

you invited me with you to travel

not ever be all alone

c. hill poem newly composed June 21, 2024

— 한철수 올림

한다. 작가는 Meli의 굴하지 않는 문학의 열정이 불타고 있는 'Prod Mary'의
노래와 함께 타고 있는 것처럼 느낀 것 같다.

로빈과 카디날 새의 둥지[14]

(멜리님의 겉옷을 취하며)

한미성님께 드리는 헌시

그분은 UW-Madison[15] 광장 풀밭에서 내 맞은편에 앉
아 있습니다.

우리가 일찍 왔거나 통학버스가 늦은 것입니다.

갑자기 우리는 얼굴을 마주하며 그리고 버스를 기다립
니다.

우리는 공적이며 사무적이 아닌 우리만의 시간과 공간
을 잠시 가진 것입니다.

그리고 우리는 버스 정류장까지 걸어가기 위해 뜨거운
커피 두 잔을 가져갈 생각이었습니다.

---

14 시인도 영문학자도 아닌 필자가 독자를 돕기 위해 서툴게 번역한 시를 올린다.
이해하고 읽어 주었으면 한다.
15 매디슨의 위스콘신대학 학원목회의 장소로 지정된 광장.

그러나 사무실까지 갈 시간이 충분하지 않았고 태양이 우리보고 당분간 몸 풀고 앉아 있으라고 초대합니다.

우리는 그 말에 순종합니다. 나는 멜리의 빨간 머리에서 빛이 춤추는 것을 봅니다. 멜리의 눈동자도 춤을 춥니다.

우리는 인생이 얼마나 이상하고 멋진 것인지 이야기합니다. 결코 끝나지 않을 우정이 솟아납니다. 멜리의 말입니다.
"우리는 금세기에 태어났습니다."

르네상스 여성으로,
르네상스 남성으로,

더 위대한 예술을 믿는 인류로.
시와 노래의 강력한 언어와 지켜야 할 언약과
배우의 셰익스피어 작품에 나오는 화려함으로,
우리도 로빈의 둥지와 같은 말을 숙고하고 궁금해합니다.
카디날의 진홍색 장미색 머리. 로빈의 노래를 깊이 생각합니다.
언제나 존재하는 지각 있는 나이팅게일은 애타게 한국

어로 울고 있습니다.

귀촉도 운다, 운다. 귀촉도 운다![16]

우리 사이의 어떤 것들은 견고한 기초로 자리를 잡았습니다.

우리는 결코, 아름다움, 선함, 진실 속으로 죽고 싶지 않습니다.

시계탑 종소리가 그 시각을 알리기 전에 소리 없이 제우스와 헤르메스와 헤르미온느와 아테나는 깃털 달린 가슴을 들고 급습합니다.

그들은 우리를 품에 안고 그들은 나선형으로 원을 그리며 하늘을 향해 춤을 추기 시작합니다.

아폴로와 단테와 함께 가자고 우리를 초대합니다.

같이 가자고 우리를 초대하며, 아폴로와 단테는 주 그리스도를 경배하며, 천사들의 합창과 함께 노래하고, 부활절 성찬을 나누고, 끝없는 부활의 오후를 즐깁니다.

---

16 '귀촉도'는 서정주 시인의 시이다. 한미성 교수가 한국에 계실 때, 서 시인과 사귀었고 그 시를 영역해 준 일이 있어 그 시를 주제로 이야기한 순간을 기억하며 쓴 구절인 것 같다.

부활,

삶 죽음과 환생,

귀환,

구속의 이야기,

종국적 영광.

그러면 마지막에는 새하늘과 새땅이 있고, 모든 눈물은
닦아졌고,

매일 밤과 낮은 고통과 해가 없는 약속의 땅, 따뜻한 햇
살보다 빛나는 도시에서 새롭게 태어날 겁니다.

이는 무장해제적 사실의 환상입니다.

그리고 여전히 쌍둥이처럼 돌아서 거꾸로 우리는 내려
갑니다.

가볍게 그리고 천천히 그리고 본능적으로 발끝으로 돌
아가는 것처럼 조심스럽게.

우리는 멈춰서 같은 시계를 한 치도 손을 움직이지 않고
올려다봅니다.

우리는 지금 어디에 있습니까?

세계를 바라보는 시각을 공유하며 우리는 우리 여정에서 얼마나 많은 사랑이 있었는지 조용히 이야기하고 싶습니다.

에어브레이크가 쉭쉭거려 성스러운 입맞춤을 할 시간이 없습니다.

멜리의 버스는 출발하고 우리는 서로의 뻗은 손을 만질 뿐입니다.
그리고 태양은 어느 때보다 강렬하게 멜리의 딸기빛 금발에서 빛나고 있습니다.
그리고 내 밤색 수염난 턱이 점점 더 가까워지고 싶어 근질거립니다.
그리고 멜리가 느낀다고 내가 생각하는 것을 항상 느끼기 위해 매 시작 때마다 우리 안에서 깨어있던 것은,
단순한 것,
영원한 것이었습니다.

우리는 재빨리 서로를 팔을 껴안았고, 요란한 세상이 잠시 우리 주변을 조용하게 만듭니다.

버스는 시동을 걸고 있습니다. 운전자는 그분을 알고 있습니다. 보혈로 얼룩진 우리선장님을 옹호하고 사모합니다. 바람에 포착된 빛의 깜박임이 멜리의 얼굴을 스칩니다. 가장 그리운 사람의 그림자. 테이블에 빈 의자가 있습니다.

우리의 피로 얼룩진 챔피언.

"찰스, 이번에는 고마워요. 내일 봐요."

"사랑해요, 멜리."

"나도 사랑해요."

나는 멜리가 가는 것을 본 것처럼 버스를 탔고 그분이 떠나는 것을 볼 때 언제나 가면 돌아왔다는 것을 믿고 보냈습니다.

우리는 사랑하는 분이 누구인지 압니다.

우리는 우리의 사랑하는 사람이며 우리의 사랑하는 사람은 우리의 것입니다.

반 시간도 안 되는 동안 우리는 햇빛 아래 앉아서 우리는 서로의 눈을 들여다보았습니다.

이 시간은 천국에서 마지막 전투가 시작되기 전의 침묵이 내려지는 데 걸리는 시간일지도 모릅니다.

반 시간도 안 되는 동안 우리는 햇빛 아래 앉아 있었습니다.

종이컵에 커피를 마시며; 비우곤 했습니다.

재활용하고 다시 마셔보겠지…

우리는 언제나 씻겨, 은혜와 평강과 기쁨 가운데서 현실이 되는 편안함을 만끽합니다.

이제 자리에 앉으면 문이 닫히고 에어브레이크가 쉭쉭 소리를 내며 풀립니다.

엔진이 윙윙거리고, 전차의 속도가 빨라집니다.

"큰 바퀴는 계속 돌고, 록 앤 롤인 'Proud Mary'는 열정을 태우고 있어요."

나는 안에서 당신에게 손을 흔들고, 당신은 밖에서 나에게 손을 흔듭니다.

저 얼굴. 그, 같은 얼굴.

영원히 이대로,
시는 늘 잉태하고 태어나기 위해 그렇게 기다리고 있나보다.
당신의 눈에서.
당신의 미소에서.
주어진 길을 기쁘게 받아들이는 정신으로,
아주 오래전에
끝까지 제가 홀로 있지 않게 절대로 그렇게 되지 않도록
그렇게 당신은 나를 여행에 초대했잖아요?

절대 혼자가 되지 마세요.

4부

부록

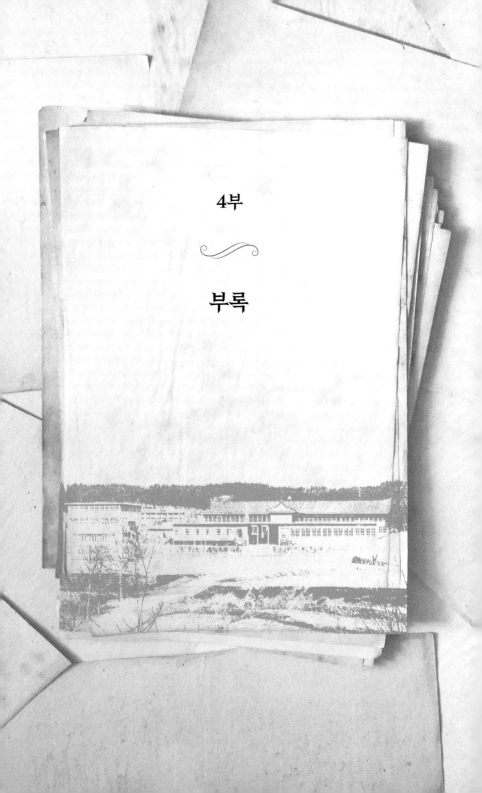

Meli를 회상한다[17]

Ms. Susie Smith

수지는 1981년 세인트루이스의 중앙장로교회에서 한 미성 교수를 처음 만난 후로 계속 중앙장로교회, 제일장로교회, 그리고 위스콘신에서 학원목회를 할 때 교회 일반 사무, 미술 작업, 그래픽 작업, 타이핑 등으로 한 목사의 비서로 일했으며 특히 한 목사의 남편 사별 후는 멜리

---

[17] 필자가 언급한 대로 Ms. Susie Smith의 회상은 이미 이 책의 반 이상을 차지하여 언급되었다. 그래서 더는 쓸 것이 없었던 것 같다. 그러나 그녀가 체험하고 공유하고 싶은 내용은 적지 않았을 것이다. 그래서 그녀만이 간직한 'Meli의 회상'을 그녀가 보내온 이메일을 통해 보충하고 그녀가 마지막에 보내온 회상 내용을 여기에 올린다.

의 집(Winstone, Pittsboro, NC)에 동거하며 계속 그녀가 서거하기까지 돌보고 지냈습니다. 결국, 필자가 한미성 선교사의 미국 내의 동태는 대부분 수지와의 이메일을 통해서 기록한 것입니다. 따라서 그녀는 이미 이 책에서 'Meli의 회고록'을 다 썼다고 봐야 합니다. 여기서는 그녀가 아니면 멜리를 그렇게 소상하게 쓸 수 없을 것 같은 내용을 그녀의 2020년 11월 2일자 이메일의 일부를 발췌함으로써 회상 내용을 보충할까 합니다. 물론 그녀의 동의를 받은 내용입니다.

'나는 그녀의 어머니가 104세까지 살았기 때문에 Meli도 더 오래 살 것으로 생각했습니다. 6월에 Meli의 물리치료사는 Meli의 산소 수준이 낮다는 것을 발견했습니다. 그녀는 의사를 만나 여러 가지 검사를 받았습니다. 의사는 6월에 받은 심장 초음파검사 결과가 1월에 받은 심장 초음파검사 결과와 왜 그렇게 크게 다른지 의아해했습니다. 의사는 심장에서 나와 폐로 들어가는 혈관이 뻣뻣해지고 굳은 혈전으로 가득 차 있다는 뜻인 폐고혈압 진단을 내렸습니다. 나는 그때 미국과 노스캐롤라이나에 코로나바이러스가 시작되어 걸린 것이 아닐까 하고 의심합니다. 그때 2월 초에 그녀가 내 옆에 앉았는데 며칠 동안 숨쉬기가 힘들다고 말했던 것을 기억합니다. 나는 그녀가 단지 감기나 독감에 걸린 줄 알았습니다. 3월 초까지 이 주변의 의사들은 코로나바이러스에 대해 아는 바가 없었습니다. 이 콜로나 때문일지도 모른다는 말은 의사의 결론이 아니라 그녀의 건강에 변화가 있었던 이유에 대한 내 추측일 뿐입니다. ……

Meli는 9월 중순에 산소 공급을 받았습니다. 그녀는 자는 동안 코에 튜브를 꽂는 것을 잘하지 못했습니다. 나는 그녀에게 그러지 말라고 여러 번 상기시켜 주어야 했습니다. 10월 21일 수요일 아침, 나는 그녀를 보기 위해 방에 들어갔는데 그녀는 코에서 산소 튜브를 빼낸 상태였고 아무 반응이 없었습니다. 그녀는 심장 마비를 겪었거나 장기간 산소 부족을 겪었을 수도 있는 일이었습니다. 의사는 그녀가 소생 가능하지 않다고 말했습니다. 그러나 나는 그녀의 심장이 뛰는 소리를 들었습니다. 아침 10시 30분경에 그녀는 박동을 멈췄습니다. ……

Meli의 시신은 화장되었습니다. 나는 아직 그녀의 유골을 담을 항아리를 사지 않았습니다. Meli는 남편이 죽었을 때 가서 뚜껑이 달린 아름다운 유골함을 샀습니다. 이것은 이곳 노스캐롤라이나 지역의 도예가 중 한 명이 만든 것이었습니다. 나도 Meli가 산 것과 비슷한 것을 사러 갈

Philadelphia 침례교회, Stanly County, NC에 있는 가족 묘지. 조상대에 침례교회에 다니셨던 것 같다. Meli와 Susie는 일 년에 2,3번씩은 갔었다고 한다. Meli가 살고 있는 집에서 2시간 반쯤 걸리는 곳인데 돌아가시기 전에 참배하고 찍은 사진.

생각입니다.'　　　　　　— 2020년 11월 2일에 받은 이메일

다음은 필자가 『나를 거듭나게 하신 한미성(韓美聲; Melicent Huneycutt) 선교사』라는 책을 집필하고 'Meli의 회상'을 써서 보내 주면 원고를 인쇄소에 넘기겠다고 말했을 때 수지가 2024년 5월에 보내 준 짤막한 회상록입니다.

'Meli의 마음은 선교의 마음이었습니다. 그녀는 사람들을 돌보았습니다. 그녀는 그들이 성장하여 하나님께서 원

하시는 사람이 되기를 바랐습니다. 나는 Meli와 함께 살았고 수년 동안 그녀와 함께 일했습니다. 그녀는 나의 멘토이자 친구였으며 여러모로 나에게 어머니 같은 존재였습니다.'

나의 멘토 멜리

Dr. Charles Hill (한철수)

멜리와 나 사이에는 사적인 이야기가 많습니다. 나는
그분을 내 인생에서 가장 심오한 영향력을 지닌 교사이
자 학문적, 영적 멘토로 여겼습니다. 나는 그분이 내가
경험한 최고의 성경 교사이자 그분의 전문 분야인 영어
와 문학 분야에서 최고의 교사요 학자라고 믿습니다. 나
는 이 세상에서 그분의 삶과 사역의 모든 측면, 즉 그분
의 기도 생활, 모든 사람에 대한 사랑과 연민, 모든 사람
을 위한 민주주의와 평등에 대한 그분의 믿음을 소중히
여깁니다. 지식과 배움에 대한 존경심, 하나님을 신뢰하
는 방식, 일상생활에서 예수님을 최우선으로 하는 방식,

그리고 '하나님을 사랑하고 이웃을 사랑하며 원수를 사랑하라'라는 계명에 순종하는 것입니다. 그분의 삶과 일은 웨스트민스터 신앙고백서와 요리문답에 기초를 두고 있습니다. '사람의 목적은 하나님을 영화롭게 하고 영원히 하나님을 즐거워하는 것입니다.' 멜리는 대학생 시절 (UNC at Chapel Hill) Robert Frost 상을 받은 일이 있습니다. 나는 그분이 시상식에 참석했다는 이야기를 했고 나는 그분이 그의 시의 위대함에 대해 말했던 것을 기억합니다. 그분은 Frost의 글과 특히 그의 「눈 내리는 저녁 숲 가에 멈춰 서서(Stopping By Woods on a Snowy Evening)」와 같은 시에 대해 많은 존경심을 가지고 있음을 나에게 분명히 밝혔습니다. 그뿐 아니라 멜리는 르네상스와 낭만주의 시인들에 큰 관심을 갖고 있었고, 특히 그분은 영국 시인, John Donne, John Keats, William Butler Yeats, Samuel Taylor Coleridge, William Wordsworth에 대해서도 많은 관심을 가지고 가르쳐주었습니다. 또한 멜리는 나에게 T. S. Eliot의 「4월은 잔인한 달」이라는 시를 처음으로 소개한 사람입니다. 그분을 알고 지낸 수년 동안, 멜리와 나는 문학, 신앙, 신학에 관해 지속적이고 끝없는 대화를 나누었습니다. 특히 단편 소설, 연극, 시에서 하나님의 형상을 경험하면서 더욱 그러했습니다. 그분과 나는 둘 다 희곡과 시를 썼습니다. 물론 우리 둘 다 교사이자 설교자였기 때문에 우리의 설교와 성경을 가르치는 접근 방식에 관해 이야기를 나눴습니다. 내가 대학 2학년 때(Pfeiffer College, Misenheime, NC) 가을 학기를 통해 그분을 더 잘 알게 되었고 신뢰를 얻은 후, 편집과 조언을 위해 먼저 그분에게 제가 새로 쓴 시를 가져갔습니다. 그때 그분은 제가 대학 교육을 포기하지 않고 시인, 지식인, 작가, 헌신적인 예술가, 진정한 신앙을 가진 사람으로서 최고의 인물이 되기 위해 노력하기를 바란다고 말했습니다. 그분은 나에게 공연예술가이자 시인으로 살도록 격려했고, 대학 사무실에서 대화를 나누던 중 나에게 작가 C.S. Lewis와 T.S. Eliot 같은 기독교 신앙의 작가가 될 잠재력이 있다고 말했습니다. 그분은 내가 살아 있는 신앙을 갖는 것과 지적인 사람이 되는 것 사이에서 선택할 필요가 없다고 말했습니다. 그분과 나는 항상 우리가 쓴 내용을 서로 나누는 걸 즐겼습니다. 나는 대학 시절 많은 시와 최소한 10편의 희곡을 썼지만, 그분은 한 편의 새로운 시를 쓰려면 시가 형성되고 탄생하는 데 오랜 시간이 걸리는 경우가 많다고 말한 적이 있습니다. 그 시는 때때로 그분의 뱃속에 자라나는 아기처럼 몇 년 동안 잉태되어야 한다고 했습니다. 그분은 머릿속에서 시를 완성하면 그때 그것을 적었습니다. 그분과 나는 Jane Love 목사와 다른 급우 및 친구들과 함께 Pfeiffer College의 문학 저널인 『The Phoenix』지에 시를 발표했습니다. 우리는 특히 1972~1978년에 많은 출판물을 냈습니다. 저는 멜리를 더 가깝게 만나고 싶었습니다. 그분이 까다롭지만 놀라운 교수님이셨고, 그분은 매주 학생회관 2층 커피하우스에서 과외 성경공부를 가르치셨습니다. 그래서 저는 온 마음을 다해 예수님을 따르기로 결심한 1971년 초에 그분에게 몇 가지 뜨거운 질문이 있어서 가서 만나보기로 했습니다. 그날 밤 성경 공부가 끝난 후 우리는 교수님과 이야기를 나누고 싶어서 줄을 서서 기다리는 학생

Susie와 갔던 Meli의 가족묘지. Meli는 평소 그곳을 자주 갔던 것 같다.

은 20명 정도나 되었습니다. 내 차례가 되자 교수님은 나에게 온 신경을 집중했습니다. 얼마 지나지 않아 나는 멜리 박사와 함께 성경 공부를 계속할 수 있었을 뿐 아니라 1973년 봄학기에는 교수님의 수업인 성경 문학과 르네상스 문학 수업에도 등록했습니다. 또한 나는 교수님의 사무실에서 교수님과 개인 사무실 예약 시간을 위해 매주 최소 두 번씩 예약도 했습니다. 우리는 일대일로 많은 시간 대화를 나눴습니다. 나는 교수님께 나의 영적, 학문적 삶에 대한 조언과 지도를 요청했습니다. 멜리 교수님은 훌륭한 멘토였습니다. 1975년에 나는 Pfeiffer College를 학사 학위를 받고 졸업했습니다. 영어/영어 드라마 전공 학위와 종교 부전공 학위였는데 저는 Pfeiffer College를 떠났지만, 멘토를 떠나지는 않았습니다. 그분과 나는 자주 만나 신앙과 내가 시인이자 예술가로서 그리고 예수 그리스도를 따르는 사람으로서 살고 싶은 삶에 대해 몇 시간 동안 상담했습니다. 그 당시 우리는 한국어로 말할 수 없었지만, 나중에 그분을 이해하게 된 것은 나의 스승님으로서이었습니다. 내가 교육자로 한국에 가는 것이 내 인생의 소명이라고 결정하기 전부터 그분은 나의 멘토였습니다. 이것은 멜리와 나에 관한 많은 이야기 중 하나일 뿐입니다. 나는 열여덟 살 청년이었을 때 그분을 만나게 해주신 하나님께 감사하며, 나를 가르치고, 나와 함께 시간을 보내고, 나를 영적으로 지원하고, 그분의 교회 강단과 교회 교실에서 자주 설교하도록 초대해 주신 그분에게 감사를 드립니다. 그분은 세인트루이스, 시카고, 매디슨, 위스콘신, 테네시, 한국, 노스캐롤라이나에서 교회를 섬겼습니다. 우리는 특히 수련회 때나 기도 모임 때 늘 즐기던 차를 마시며 함께 일했습니다. 내가 대학을 졸업한 후, 멜리는 자신의 현재 학생과 전 학생이었던 작가들의 월간 정기 모임을 주선했습니다. Dorothy Sayers, C.S. Lewis, J.R.R. Tolkien 등, 특히 〈INKLINGS〉라는 문학 작가 그룹을 만든 Charles Williams는 우리 작가 그룹을 유머러스하게 '미운 오리 새끼들'이라고 불렀습니다. 멜리는 유머 감각이 뛰어났고 우리는 종종, 말장난하고 언어의 아름다움을 즐기며 몇 시간을 보냈습니다. 우리는 서로를 아는 수년 동안 영어, 프랑스어, 한국어를 공유하는 것을 즐겼습니다.

Dr. Charles Hill (한철수)

1954년 N.C. 출생, 웨스트 스탠리 고등학교, 파이퍼 칼리지(영어/영어 드라마 전공)학사, 서울대학교 한문학 전공, 석사(1986), 연세대학교, 한남대 전임강사, 마노아의 하와이대 출강, 델타항공사 인천-애틀랜타 간 승무원.

멜리 어머니와 나[18]

조경덕

1950년 한국전쟁으로 저는 부모를 잃고 한국으로 피난하였습니다. 원산에서 전주까지 피난 왔는데 그때 피난 중 부모와 헤어졌습니다. 어디서 헤어졌는지 모르고 같이 온 아주머니는 어린애가 3명이었는데 저에게 보호자가 없는 어린아이는 고아원으로 데려가니까 자기를 놓치지 말고 따라다녀야 한다고 말했습니다. 도착한 곳이 전주였는데 우리는 피난민 수용소에서 살았습니다. 거

---

[18] 이 글은 내가 나이가 많고 문장력이 부족해서 내 둘째 아들 임형규가 나와 함께 작성한 것을 밝혀 둔다.

기서 한글도 배웠습니다. 학교는 기전여중에 시험을 보아 입학했는데 그 아주머니는 기다리면 언젠가 부모님이 오실 거라고 학교에 들어갈 때 제 이름과 성을 바꾸어서 입학시켰습니다. 그때 내 이름이 무엇이었는지 기억이 나지 않습니다. 6·25 전쟁이 끝나고 그 아주머니는 인천으로 떠나게 되었고 저는 갈 곳이 없었는데 기전학교에서 내 소식을 듣고 학교로 돌아오라고 연락이 왔습니다. 학교에서는 기숙사에 들어갔습니다. 기숙사 사감 선생님이 너무 좋았습니다. 교무실 청소와 정리하는 일을 해서 기숙사비를 감당해서 늘 배고파서 물만 마시고 살던 그런 일은 없어졌습니다.

중학교 2학년 때 교장 선생님은 미국 여선교사님이었습니다. 그때 학비 때문에 학교를 그만두어야 했는데 한미성 교장 선생은 저를 입양해 주셨습니다. 그러나 처녀로서는 입양할 수가 없어서 당시 동사교장으로 있던 조세환 교장이 입양하고 한 교장은 재정적인 부담만 하기로 했다고 합니다. 그때부터 제 이름은 조경덕이 되었습니다. 저는 그 후 중학교와 고등학교를 마치고 서울여대에 입학했습니다. 그런데 한 교장 선생이 당시 대전대학에 전임으로 옮기셔서 저를 2학년 때 대전대학으로 편입을 시켜주셨습니다. 그 후로 어머니와 함께 계속 대전에서 살았는데 어머니가 선교사 촌을 떠나 한인 마을에서 한국 사람과 똑같은 생활을 하시겠다고 해서 학교 주변 딸기밭 곁에 방 둘, 좌변기도 없고 재래식 화장실이 밖에 있는 집에서 살았습니다. 따라서 어려운 일도 많았습니다. 그때 대학생들이 특히 UBF 회원들이 늘 집에 와서 식사하고 대화를 많이 했습니다. 그렇게 멜리 어머니는 학생들과 교제하기를 좋아했습니다. 특히 기전학교를 졸업하고 이화여대 성악과를 졸업한 이귀님 학생이 노래를 잘한다고 칭찬하며 수시로 보고 싶어 했습니다. 심히 어려웠던 일은 1962년 〈제4회 문학의 향연〉을 대전시민 회관에서 공연하기 위해 대학에서 셰익스피어의 「로미오와 줄리엣」을 한 교수가 매니저, 감독, 연출하고 계셨는데 그때 '로미오'역을 맡았던 남학생이 밤길에 한 교수가 퇴근할 때를 기다려 구애(求愛)했으며 밤 중에도 집에까지 찾아와 문을 두드리며 아무 응대도 하지 않으면 지붕에 돌을 던져 여자 둘이 살고 있던 집에서 무서워서 혼났습니다. 그는 선교부가 투자해서 학교 뒷산에 심은 소나무를 관리하는(벌목 감시와 송충이 퇴치 등) 아르바이트로 학비를 보충하던 어려운 학생이었는데 홀어머니 밑에 자라고 있었는지 그 어머니도 아들이 너무 애처롭다며 한 교수를 찾아와서 제발 아들과 결혼해 달라고 호소했습니다. 경찰이나 선교부에 도움을 요청할 수도 없어 너무 안타까웠습니다.

그때 어머니는 또 8개월 된 아들을 입양하고 우리가 함께 키우고 있었는데, 일 년도 못 되어 어머니는 한국을 떠나셔야 했습니다. 2살도 안 된 그 아이를 미국으로 데려가려고 많이 노력했지만, 어머니는 결혼하지 않아 미국법으로 데려갈 수 없었습니다. 다른 사람 이름으로 입양해서 미국으로 데려가려 했지만 잘 안 되었습니다. 입양하려면 $1,000을 내고 결혼한 미국 사람이 데려가야 한다고 했습니다. 얼마 후에 데려가겠다고 하셔서 나는 그때 그 애와 함께 사느라 학교를 2년이나 휴학했습니다. 당시 그 애와 함께 사는 월 생활비가 4,000원(공무원 월급이 5,000원)이었습니다. 모든 걸 해결하는 길은 적당한 사람과 결혼하는 것뿐이었습니다. 그런데 애가 딸린 처녀인 나와 결혼할 수 있는 사람은 없었습니다. 직장을 다니고 그의 집에서 반대하지 않아야 했습니다. 그때 대학 선배가 나타났습니다. 공무원이고 시골에 할머니, 어머니, 남동생 2명, 아버지는 돌아가시고 농사를 짓고 있는 가정을 가진 대전대학 수학과 졸업생이었습니다. 우리 집 근처에 살고 있어서 가끔 도움을 받았습니다. 서울에서 시인 서정주 선생님이 가끔 오셔서 용돈을 주시기

도 하고 전주 기전여중·고 조세환 교장님도 오셔서 용돈
을 주시기도 했습니다.

2년 휴학 후 대학을 졸업하자 주위의 반대를 무릅쓰
고 선배인 임승렬 선생과 결혼을 했습니다. 데리고 기르
던 애가 초등학교에 가야 하는데 호적이 없어서 남편에
게 호적을 부탁해서 남편의 막냇동생으로 입적했습니
다. 그때 받은 어린애의 새 이름이 임경석입니다. 경석
이는 초등학교에 입학하였습니다. 인물이 잘생기고 체
격이 크고 힘이 세서 학교에서 유리창 깨고, 집에 창문
도 깨는 등 사고도 많이 쳤습니다. 중학교에서는 럭비선
수로도 활약했습니다. 경석이는 서울 보문동 경동고를
다녔는데 대학 입시에 떨어져서 재수하고 경희대에 합
격했으나 군대에 갔습니다. 그리고 군대 제대하고 1986
년 바로 미국으로 떠났습니다. 미국의 양어머니는 경
석이를 무척 사랑했으나 경석이는 미국 가는 것을 좋아
하지 않았습니다. 미국에서 5년 동안 대학을 다니고 대
학 졸업 후 5일 만에 한국에 와서 자가용을 사더니 집도
구하고 직장도 구하고 이대 영문과를 졸업한 예쁜 처녀
와 결혼도 했습니다. 지금은 2명의 딸과 잘살고 있습니
다. 어머니는 한국에 나오시면 가끔 오셔서 경석이 집
에서 지내시기도 하고 우리 집에서 지내시기도 했습니

다. 저는 영어를 잘하지 못해서 늘 어머니에 대한 애정을 잘 표현하지도 못해 답답했습니다. 미국에 가면 더욱 딴 나라에 간 것 같아 더 외롭고 힘들었습니다. 그러나 1999년 둘째 아들이 미국 대학원에서 학위를 마쳤을 때는 온 가족이

1999년 위스콘신 멜리 어머니 집에서.

갔었는데 시카고에서 콘서트에 참석하고 식물원에도 가곤 해서 무척 기뻤습니다. 또 위스콘신에 사시는 새 아버지 John Vergeer를 만났을 때는 멋진 시간을 가졌습니다. 제가 영어를 잘할 수 있었다면 훨씬 더 가까워질 수 있었겠다는 생각을 합니다.

제가 나이가 많아져 다리를 잘 못 쓰게 되면서는 미국까지 가는 것은 꿈도 꿀 수 없고 그렇다고 제가 이메일을 할 수 있는 것도 아니고 영어로 전화한다는 것은 생각도 못 해서 그동안 어머니께는 소식도 전하지 못했습니다. 나이가 많아질수록 과거를 돌아보면 어머니께 감사한 것뿐입니다. 어떻게 해서든 한국 사람이 기독교인으로 바

꿰어 살도록 애쓰시고 또 헌신하며 예수님처럼 어려운 사람과 병든 자를 찾아가 돕는 본을 보이시고 사시던 어머니께 아무것도 해드리지 못하고 감사의 표시도 제대로 하지 못한 게 안타깝습니다. 동생 임경석이라도 찾아뵈어야 하는데 2020년 초는 방문하려 했으나 코로나 때문에 가지 못했는데 어머니께서 10월에 돌아가셨다는 소식을 접하고 너무 죄송하고 원통합니다. 천국에서 어머님은 예수님과 함께 계실 것을 믿습니다. 평생에 못다 하신 일은 많은 어머니의 제자들이 다 맡아 할 것입니다. 편히 쉬소서. 거기서 만나 뵙겠습니다. 천국은 영어가 없어도 제 사랑을 실컷 전할 수 있다고 생각합니다.

임형규

1973년 서울 태생, 중화고등학교,
미국 UIC(University of Illinois at Chicago, IL) MBA(1999),
현재 TINVESTMENT(티인베스트먼트) 투자 본부장.

멜리 어머니

임경석(Patrick Lim)

저는 1963년, 8개월 된 어린애 때 보육원에서 멜리 어머니가 저를 데려다 기르셨다고 들었습니다. 1년 뒤, 멜리 어머니가 한국을 떠난 뒤 저는 당시 멜리 어머니의 양녀였던 조경덕 누나(현재)의 보살핌으로 자랐습니다. 호적에 입적이 안 된 채로 자라던 저는 조경덕 누나가 나를 데리고 결혼했을 때 누나의 시아버지 양자로 호적에 오르게 되었습니다. 당시 멜리 어머니는 처녀였기 때문에 저를 입양할 수가 없었다고 합니다. 따라서 조경덕 누나는 저에게는 어머니 같은 누나입니다. 장성해서 제가 깨달은 것은, 지금은 누나의 남편이 된 임승렬 형(매

형)이 아버지의 양자로 저를 입적해 주고 저를 고등학교 끼지 보내준 게 너무 감사할 뿐입니다. 아버지뻘의 형과 어머니 같은 누나 밑에서 학교에 다니면서 저는 보육원에서 데려오기만 하고 책임도 못 지고 미국으로 떠나버린 멜리 어머니를 원망하며 힘들고 방황하는 시기를 보내야 했습니다. 따라서 공부도 등한시하여 대학 입학시험에도 낙방하고, 군 보충역 소집 통보를 받고 15개월 동안 방위로 국방의 의무를 마쳤습니다. 그 뒤 대학에 다시 도전하여 경희호텔전문학교에 입학하여 1학년을 마쳤는데 멜리 어머님이 저를 미국으로 초청하셨습니다. 저를 완전히 잊고 계신 줄 알았는데 1984년 미국에 와서 공부해 보라는 것이었습니다. 그때 미국에 가서 공부한다는 건 꿈과 같은 이야기였습니다. 저는 어머니가 Pfeiffer College, NC에 계시면서 잠깐 출강했던 테네시주의 King College에서 한 학기 어학연수를 했습니다. 정식으로 대학에 다니려면 그런 절차가 필요했던 것입니다. 첫 미국여행이어서 뉴욕 공항에서 하루를 지내고 NC의 샬럿 공항에 내렸는데 그때 어머님의 제자였던 Hill 선생이 나를 King 대학에 안내해서 언어 연수 과정에 등록해 주고 기숙사도 주선해 주었습니다. 멜리 어머니는 당시 차로 8시간도 더 걸리는 미주리주의 중앙장로교회에서 바빠서 만나러 오지도 못했습니다. 그러나 제가 정식 양자도 아닌데 나를 미국으로 초청하는 데 힘든 여러 가지 과정을 거치면서 끝까지 도와주신 것이 지금도 감사할 뿐입니다. 한 학기를 마친 후 멜리 어머님을 따라 세인트루이스로 옮겨 St. Louis 대학에 입학하여 경영학을 전공하여 1989년 우등생으로 졸업하였습니다. 5년 미국에서 학생으로 생활하는 동안 학기 중에는 대학 교내 기숙사에서 있었고 방학 기간에는 멜리 어머님 집에 살면서 용돈과 책값 마련을 위해 아르바이트를 열심히 하였습니다. 어머니는 많은 금전적인 도움을 주었지만, 자기 힘으로 일어서는 것을 좋아하셨습니다. 한때는 어머님과 함께 대화나 소통할 수 있는 시간이 많지 않아 한창 젊고 좋은 대학 시절, 타국에서 힘든 공부를 위해 학기 중에는 죽어라 공부만 하고, 방학 중에는 죽어라 일만 하니, 하루라도 보고 싶고 그리운 친구들이 있는 대한민국으로 돌아가고 싶은 마음이 굴뚝같았습니다. 물론 어머님 덕분에 난생처음 미국이라는 나라에 와보고 귀한 대학에서 공부할 기회를 주서서 참으로 감사했지만. 더욱이 어머님을 통해서 그리스도의 사랑과 헌신을 경험할 수 있었고 일상적인 생활 속에서의 크리스천의 삶을 익힐 수가 있었던 것이 좋았습니다. 대학을 우등으로 졸업하고 바로 귀국하여 한국 경영 컨설팅회사에 입사하여 그곳에서 소개받은 아내를 만나 이듬해 1990년에 결혼까지 했습니다. 그것은 미국에서 공부하게 해주신 어머님의 은혜입니다. 아내는 이대 영문과를 졸업하여 노스웨스트 항공사 직원으로 근무하고 있는 비기독교인이었습니다. 그러나 제가 전도하여 같이 새문안교회에 출석하다가 지금은 명성교회에서, 저는 안수집사로 아내는 집사로 열심히 신앙생활을 하고 있습니다. 다 멜리 어머니의 영향입니다. 슬하에 두 딸을 두고 있고 장녀는 유치원 교사로 차녀는 중학교 영어 교사로 둘 다 미혼이지만 명성교회에서 대학부 부회장으로 청년부 임원으로 열심히 섬기고 있습니다. 멜리 어머니의 은혜를 우리는 누리고 살고 있는 것입니다. 아내는 현재는 학습지 업체인 재능교육에서 일하고 있고 저는 현재 63세인데 아직 감사하게도 중소기업 경영 컨설팅회사에서 일하고 있습니다. 이 모

명성교회에서 아내와 찍은 사진. 맨 왼쪽이 큰딸(임지수), 맨 오른쪽이 둘째(임민수).

든 것이 멜리 어머님과 경덕 누님을 통해 주님을 영접하고 주와 동행하는 삶을 누리는 축복입니다. 이제는 멜리 어머니처럼 남을 섬기는 삶을 살고 싶습니다. 지금까지 갖은 어려움과 역경과 고난 속에서 지켜주시고 함께해주신 여호와 이레, 하나님께 모든 감사와 영광 올려드립니다. 이 모든 상황의 씨앗은 전적인 멜리 어머님의 희생, 헌신, 사랑이었음을 고백합니다. 너무나 그립고 보고 싶습니다. 어머님. 이제는 주님 곁에서 모든 열성과 힘들었던 일을 내려놓으시고 편히 쉬십시오. 사랑합니다.

임경석

1993년생, 경동고등학교, 경희호텔전문학교,
미국 King College, TN을 거쳐 St. Louis 대학교 경영학과 졸업
(1989). 현재 컨설턴트 회사 'People Life' 팀장.